Recomendaciones

"Una Navidad con Elena, para exaltar a Jesús", es un libro bello, interesante y cristocéntrico. No es una apología a favor de la Navidad, y tampoco entra en discusiones sobre su origen; más bien presenta con solemnidad la necesidad de celebrar la Navidad como el cielo la celebró cuando el niño de Belén irrumpió en nuestro planeta para salvarte a ti y a mí. En el contexto de la vida de Elena G. de White, el autor presenta principios sencillos y prácticos para hacer de cada Navidad, una mega celebración que exalte a Jesús, nuestro Rey y Salvador, y que opaque al simple mortal que desea siempre ser ensalzado. ¡Qué hermoso fuera que en cada hogar adventista del séptimo día, exista una copia de *Una Navidad con Elena, para exaltar a Jesús*!".

Pastor Carlos Tamay
Coordinador Hispano,
Iowa-Missouri Conference of Seventh-day Adventists. ◊◆———

"Después de leer *Una Navidad con Elena, para exaltar a Jesús*, escrito por el pastor Jaime A. Heras Whittemore, lo encuentro muy necesario y oportuno, útil para despejar muchas dudas, preguntas e inquietudes relacionadas al tema de la Navidad. Las referencias de cada capítulo reflejan claramente la posición de Elena G. de White en relación a que Jesús y sólo él, debe ser el mensaje central de la celebración de la Navidad".

Pastor Tomás Torres de Dios, DMin.
Vicepresidente
División Interamericana. ◊◆———

"No podemos ignorar la Navidad; los comerciantes, las familias, los niños y el mundo cristiano esperan con ansias la época navideña. El doctor Jaime Heras ha hecho una linda investigación sobre la forma positiva en que la hermana Elena G. de White vivió un evangelio práctico durante la época navideña. Nos desafía como cristianos, a no olvidar a Cristo Jesús, el mayor regalo que podemos recibir durante la Navidad".

Pastor Alberto Ingleton, DMin.
Hispanic Ministries Director,
Pacific Union Conference. ◊◆———

"*Una Navidad con Elena, para exaltar a Jesús*, escrito por el doctor Jaime Heras, ha llegado en un buen momento. Es una presentación extraordinaria que se despoja de los prejuicios, y exalta a Cristo como el centro de la Navidad. Recomiendo su lectura a todas las personas que con amor y gratitud, comparten a Jesús como el regalo más precioso de la Navidad".

Pastor Marvin Gómez Otero
Secretario ejecutivo de la Unión Centroamericana Sur (UCAS),
Director Departamental de Jóvenes y Educación de la UCAS. ◇◆———

"Nuestro pueblo perece por falta de conocimiento. Este libro nos ayudará a evitar el exceso de la temporada navideña, y al mismo tiempo, a aprovechar esta temporada que las personas están abiertas a conversaciones espirituales, para ser bendición y presentarles a Jesús, el mejor regalo. Recomiendo mucho este libro.

Pastor Roger Hernández
Ministerial and Evangelism Director,
Southern Union Conference. ◇◆———

"Vivimos en la época del internet, las redes sociales y el exceso de información, donde prevalecen las respuestas simples, las calumnias y las descalificaciones, así como la renuencia a pensar e investigar con seriedad. Por eso, esta obra es diferente y merece la pena leerla".

Dr. Alejandro Medina Villarreal
Editor y escritor de carrera;
autor de, entre muchas obras, *A las puertas de la eternidad*.
Investigador y catedrático de postgrado, Universidad de Montemorelos. ◇◆———

"En la literatura cristiana pocos ejemplares se han publicado sobre el significado y la práctica de la celebración de la Navidad. Mientras que para algunos creyentes es una festividad religiosa muy esperada y regocijada anualmente, para otros es un evento confuso, controvertido, o hasta rechazado. En *Una Navidad con Elena, para exaltar a Jesús* el doctor Jaime Heras ofrece fundamentos muy sólidos y equilibrados, tomando como referencia los escritos y vida de Elena G. de White. Sus páginas ofrecen a sus lectores respuestas esclarecedoras sobre este tema tan esencial".

Pastor Rubén Rivera R., DMin.
Coordinador de Ministerios Hispanos de la Asociación de Rocky Mountain. ◇◆———

"*Una Navidad con Elena, para exaltar a Jesús*, es un excelente libro. Explora desde un punto de vista histórico y muy humano, como Elena G de White entendió, vivió y aconsejó sobre la Navidad. El doctor Jaime Heras expone con claridad los temas afines a esta celebración. Te invito a que encuentres a Jesús en el libro que tienes en tus manos. Sin duda, tú también serás ricamente bendecido".

Jorge Ramírez, DMin.
Secretario asociado,
División Norteamericana de la Iglesia Adventista del Séptimo Día. ◊◆———

"He aquí una obra que viene a suplir una gran necesidad en nuestro medio. Muchos cristianos sinceros, que quieren hacer la voluntad de Dios en todo, se preocupan al observar la manera como se celebra la Navidad hoy en día. Se preguntan si es correcto que los hijos de Dios participemos de semejantes festividades. Con admirable claridad, el doctor Jaime Heras nos ofrece una respuesta equilibrada basada en una investigación cuidadosa. Con mucho gusto recomiendo este estudio fruto de una reflexión madura sobre el tema. Espero que, *Una Navidad con Elena, para exaltar a Jesús*, pueda tener una amplia circulación".

Doctor Loron Wade
doctorado en educación religiosa,
ha servido como educador y pastor durante más de cuarenta años
en siete países de Latinoamérica. Actualmente está jubilado,
y reside en Montemorelos, México. ◊◆———

"La época navideña ha sido de mucha alegría para la mayoría de los hogares porque recuerda con gozo el nacimiento de nuestro Salvador Jesús. Aún así, para algunos ha sido causa de antagonismo. Es motivo de agrado que mi buen amigo, el doctor Jaime Heras, haya escrito *Una Navidad con Elena, para exaltar a Jesús*. Fruto de una investigación seria y esmerada, el autor presenta de forma amena y bien documentada, lo que el Espíritu de Profecía instruye sobre cómo celebrar la Navidad. Es una obra de fácil lectura para todos en la familia. La recomiendo para beneficio de sus lectores. Agradezco al doctor Heras por haber escrito este valioso libro".

Pastor Dionisio Olivo, DMin.
Vicepresidente de los Ministerios Hispanos y Portugueses,
Unión del Atlántico de la Iglesia Adventista del Séptimo Día. ◊◆———

"La forma en que el doctor Heras trata el tema de la Navidad en este libro, hará reflexionar a sus lectores. Resalta su importancia y muestra cómo esta celebración ha traído bendición a la iglesia. Recomiendo sinceramente su lectura, confiando que ayudará a eliminar conceptos polarizados e inspirará un amor más profundo por Jesús, el mayor regalo hecho a la humanidad".

Pastor Abner de los Santos, DMin.,
Vicepresidente de la Asociación General
de la Iglesia Adventista del Séptimo Día. ◊◆———

"He aquí una obra valiosísima para cada creyente, que condensa años de investigación para captar el pensamiento y la actitud de Elena G. de White sobre la Navidad a través de su vida. Destaca que nunca se manifestó en contra de su celebración, ni de los regalos; ni nunca la repudió como algo pagano; como en un tapiz despliega su vivencia con la Navidad, por eso la recomiendo de todo corazón a cada creyente".

Doctor David Pío Gullón
Ex-director del Centro de Investigación White,
de la Universidad Adventista del Plata, Argentina. ◇◆———

UNA NAVIDAD CON ELENA, *para exaltar a Jesús*

*"Hubo una vez en el mundo un pesebre,
y en ese pesebre algo más grande que todo el mundo",*
C. S. Lewis.

Jaime A. Heras

Prólogo | Doctor Juan José Andrade
Director del Centro de Investigación Elena G. White
Decano de la facultad de teología
Universidad de Montemorelos

"La humanidad del Hijo de Dios es todo para nosotros. Es la cadena áurea que une nuestra alma con Cristo, y mediante Cristo, con Dios. **Esto ha de ser nuestro estudio**. Cristo fue un verdadero hombre. Dio prueba de su humildad al convertirse en hombre. Sin embargo, era Dios en la carne. Cuando tratemos este tema, haríamos bien en prestar atención a las palabras pronunciadas por Cristo a Moisés en la zarza ardiente: 'Quita tu calzado de tus pies, porque el lugar en que tú estás, tierra santa es', (Éxodo 3:5). Debiéramos emprender este estudio con la humildad del que aprende con corazón contrito. Y el estudio de la encarnación de Cristo es un campo fructífero que recompensará al escudriñador que cava profundamente en procura de la verdad oculta",

(**Elena G. de White**, *Mensajes selectos t. 1*, **p. 286. Énfasis agregado**).

UNA NAVIDAD CON ELENA, *para exaltar a* *Jesús*

Pertenece a:

_____

Obsequiado por:

_____

Fecha:

_____

""Mientras más reflexionamos [sobre la encarnación], más asombrosa nos parece. ¡Cuán grande es el contraste entre la divinidad de Cristo y el niño impotente que yacía en el pesebre de Belén! ¿Cómo podemos salvar la distancia entre el poderoso Dios y un niño impotente? Mucho más elevado que los ángeles, igual al Padre en gloria en gloria y dignidad, y sin embargo vestido con el manto de la humanidad",

(Elena G. de White, Signs of The Times, 30 de julio, 1896).

Jaime A. Heras

UNA NAVIDAD CON ELENA, *para exaltar a Jesús*

"¡Gracias a Dios por su don inefable!",
(2 Corintios 9:15).

"Solo exaltando a Jesús y humillándonos a nosotros mismos,
podemos celebrar correctamente el nacimiento del Hijo de Dios",

(Elena G. de White, *Signs of The Times*, 8 de diciembre, 1887).

Una Navidad con Elena, para exaltar a Jesús
◦◆◦ **Jaime A. Heras** ◦◆◦
Primera edición
120 páginas

Editor: Juan Francisco Altamirano.
Lectora de pruebas: Jacqueline Mojica Ponce.
Diseño de la portada: Georgy Vega Rodríguez.
Diseño de interiores: Elizabeth Valoyes Salas.
Imagen portada: Steve Creitz / www.goodsalt.com.
Fotografía: Daniel Chan.
Imágenes interiores: www.pexels.com
Publicado por: Movimiento Misionero Aplantar.

Índice

Recomendación

"El doctor Jaime Heras ha hecho un excelente trabajo. Logra muy bien su objetivo al demostrar que los escritos de Elena G. de White apuntan a Jesús. ***Una Navidad con Elena, para exaltar a Jesús,*** es una contribución sobresaliente sobre un tema que en algunos lugares se ha vuelto controversial. Como él lo señala muy bien, lo importante no es la fecha, sino recordar el nacimiento del Señor Jesús, porque el plan de la salvación nació en Belén, cuando el ángel anunció: 'Os ha nacido hoy, en la ciudad de David, un Salvador, que es Cristo el Señor' (Lucas 2:11). Recomiendo sin dudar este libro poque, así como yo he sido ilustrado, estoy seguro que otros lectores también lo serán".

Doctor Atilio René Dupertuis
Profesor emérito de la facultad de teología en la Universidad Andrews, lugar donde ejerció durante veinte años como profesor de teología sistemática.

Agradecimientos

A Jenny:
Tu sentido de organización, tu inspiración creativa, tu apreciación
tan acertada, y tu perspectiva práctica y alegre, aseguró que
Una Navidad con Elena, para exaltar a Jesús
quedara más ameno y fluido.
¡Multi millonarias gracias!

Al doctor Juan Francisco Altamirano:
como editor de este, mi primer libro.
Tú dices que el editor de un libro es como un lustrador de zapatos,
que no es el fabricante del zapato, que su función es hacerlo brillar.
Ciertamente has logrado algo de más trascendencia que eso,
has hecho que el brillo apunte a Jesús.
Amigo, por ello, quedo eternamente agradecido.

A Frank X. Martin:
Tu corazón de trovador, enternecido por tu Salvador,
inspiró esa pluma poética que le dio el toque literario a esta obra.
¡Muchísimas gracias!

A Elizabeth Valoyes Salas:
Tu esfuerzo, paciencia y talento,
hicieron posible la impresión a tiempo de este libro.
¡Gracias!

¡Jesús, gracias por tu nacimiento!
Sigues inspirando una canción en mi ministerio,
y me continúas despertando agradecimiento
por tu misericordia inmerecida.

Dedicatoria

A mi linda y querida esposa,
Emma Jane Martin-Heras (Jenny),
por hacer de estas 28 navidades juntos,
momentos familiares tan lindos y significativos.
Los he atesorado en mi corazón.
¡Te amo!

Prólogo

¡Cuánta falta nos hacía un libro así! ¡Ya lo estábamos esperando!

Muchas veces en las visitas a las iglesias y en las instrucciones acerca de la interpretación de los escritos de Elena G. de White, hemos escuchado las inquietudes que surgen con respecto a la celebración de la Navidad, y en relación a si poner o no, el árbol en nuestras iglesias. En relación a este tema, existen dos grupos. Por un lado, para algunos es un asunto de menor importancia. Los que integran este grupo, afirman: *"Claro que sí, debemos celebrar la Navidad, no hay ningún problema"*; pero para otros, que se hallan en el otro grupo, es casi un pecado capital. Asocian el árbol y la celebración de la Navidad con un origen pagano y, por lo tanto, sostienen: *"No debemos poner el árbol en nuestras iglesias, ni celebrar la Navidad en esa fecha, puesto que se trata de una fiesta de origen pagano"*.

El doctor Jaime Heras ha realizado un trabajo extraordinario. Ha hecho una investigación cuidadosa en los escritos de Elena G. de White, y nos presenta en su obra el contexto histórico que rodea a esas declaraciones con respecto al árbol y a la Navidad que se encuentran en las cartas, sermones y artículos, que la señora White escribió para las revistas denominacionales de entonces. El estudio y la información provista por el doctor Heras, se ubica, además, en el contexto de uno de los grandes y principales temas de Elena G. de White, en los que centra todas sus enseñanzas, a saber: el gran amor de Dios manifestado en la persona de Jesucristo. Este enfoque es el que permite hacer una interpretación responsable al acercarnos más y mejor al pensamiento y a las orientaciones de Elena G. de White, sobre el tema en cuestión.

El doctor Heras hace un recorrido de las vivencias e incidentes de Elena G. de White, a lo largo de sus años de ministerio profético desde 1856, cuando predicó su primer sermón con respecto a la Navidad y hasta 1913, cuando celebró la Navidad por última vez como lo hizo generalmente a lo largo de su vida, y cuando todavía no estaba imposibilitada por la enfermedad. A lo largo de todo ese tiempo podemos ver congruencia, equilibrio, madurez y constancia, en su deseo de exaltar a Jesús a través de todas las cosas, incluyendo la celebración de la Navidad y la colocación del árbol, con propósitos prácticos para el progreso de la causa de Dios y para el cuidado y la atención de los más necesitados.

Para Elena G. de White lo importante era exaltar a Jesús, de modo que las ofrendas, los adornos, la celebración y los regalos debían tener ese mismo fin. Desde esa perspectiva, el objetivo de Elena G. de White y el del autor de este libro, está cumplido.

Sin lugar a dudas, **Una Navidad con Elena, para exaltar a Jesús**, muy bien escrito por el doctor Jaime Heras, hará una contribución significativa al mundo adventista, no solo para entender qué significó para la mensajera del Señor y cómo lo entendieron los miembros de la iglesia en el tiempo pasado, sino, en cómo podemos nosotros en la actualidad, a través de estos principios y orientaciones, exaltar a Jesús, si decidimos poner el árbol de Navidad y si decidimos celebrar la Navidad en nuestras iglesias y hogares.

Doctor Juan José Andrade,
Director del Centro de Investigación Elena G. White,
decano de la facultad de teología,
Universidad de Montemorelos.

*"Toda la hueste angélica se regocijó
y cantó alabanzas porque
la salvación se presentó como un regalo
gratuito para el hombre caído"*,

(Elena G. de White, *Review and Herald*,
17 de diciembre, 1889).

Introducción

Jesús, no hay otro nombre más sublime, más santo, más hermoso. Y aunque la Biblia lo llama por diferentes nombres: Señor, creador, Rey de reyes, Hijo amado, alfa y omega, etc., el ángel le dijo a José que el hijo que María llevaba en su vientre, se llamaría Jesús por una razón primordial, la más importante de todas: "porque él salvará a su pueblo de sus pecados" (Mateo 1:21).

Dios irrumpiría en la historia humana para traer salvación. Satanás, sabiendo esto, exitosamente se aseguró que el mundo, y en forma especial el pueblo de Dios de aquellos días, no se apercibiese del "mayor suceso de los siglos", según palabras de Elena G. de White en la página 29 de su célebre obra *El Deseado de todas las gentes*, en alusión directa al nacimiento de Jesús. ¿Será que también hoy Satanás está causando lo mismo, haciéndonos ignorar el nacimiento del Hijo de Dios?

La Navidad, a través de la historia, se ha convertido en una celebración especial, rodeada de gran expectación, regalos, villancicos, dramas muy bien elaborados, reuniones familiares, y de comida exquisitamente preparada. Sin embargo, al paso del tiempo a esta celebración cristiana se le han sumado distintas controversias. Aunque no es la finalidad de esta obra discutirlas, vale la pena plantearse algunas preguntas: ¿Qué posición ha tomado la iglesia adventista en relación a la celebración de la Navidad? ¿Hay algún consejo bíblico sobre el asunto? ¿Elena G. de White, como mensajera del Señor, habrá dicho algo al respecto? El 24 de diciembre de 1856 a la edad de veintinueve años, Elena G. de White predicó su primer sermón en Navidad. Luego el 21 de noviembre de 1878, escribió para la Review and Herald, un artículo titulado "Regalos en días festivos". Este fue su primer artículo en el que ella menciona la palabra Navidad.

DEC. 11, 1879.] **THE REVIEW AND HERALD.**

THE HOLIDAYS.

"WE are rapidly approaching the season of the holidays, and many conscientious ones are now questioning what course they may pursue that will be pleasing in the sight of God. By the world the holidays are spent in frivolity and extravagance, gluttony and display. It is the prevailing custom at this time to make and receive presents. And it is no small burden upon the mind to know how to distribute these gifts among friends so that none will feel slighted. It is a fact that much envy and jealousy are often created by this custom of making presents.

from our homes that class of literature which can have no beneficial influence upon our children. Many times I have been pained to find upon the tables or in the book-cases of Sabbath-keepers, papers and books full of romance, which their children were eagerly perusing.

There are those who profess to be brethren who do not take the REVIEW, Signs, Instructor, or Good Health, but take one or more secular papers. Their children are deeply interested in reading the fictitious tales and love stories which are found in these papers, and which their father can afford to pay for, although claiming that he cannot afford to pay for our periodicals and publications on present truth. Thus parents

prompts to action, and the use which is made of the gifts placed upon the tree.

The tree may be as tall and its branches as wide as shall best suit the occasion; but let its boughs be laden with the golden and silver fruit of your beneficence, and present this to Him as your Christmas gift. Let your donations be sanctified by prayer, and let the fruit upon this consecrated tree be applied toward removing the debts from our houses of worship at Battle Creek, Mich., and Oakland, Cal.

A word to the wise is sufficient.

E. G. WHITE.

Un año después, el 11 de diciembre de 1879, ella escribió su primer artículo dedicado a la Navidad, bajo el título: "Los días festivos". Inmediatamente nos surge la curiosidad de saber qué posición tomó la señora White sobre el asunto. ¿Ignoró toda la época de Navidad, y ni siquiera le concedió atención? ¿Enfatizó la Navidad como una institución pagana? ¿Se enfocó en probar que Cristo no nació el 25 de diciembre o que éste era un día de origen pagano? ¿Evocó todos sus argumentos en contra del árbol de Navidad? Por los siguientes cincuenta y siete años, hasta dos años antes de su muerte, ella predicó y escribió copiosamente sobre la Navidad. Por lo menos en setenta y seis ocasiones hay registro de referencias sobre la Navidad en sus cartas, artículos, revistas, libros, etc. Muchas veces fueron artículos enteros sobre el tema, otras veces cartas a sus hijos. Y aun en otras, apenas fueron menciones sobre lo que ella hizo en el día de Navidad.

Este libro no se enfoca en argumentos a favor o en contra de la Navidad, simplemente nos presenta como vivió Elena G. de White sus Navidades haciendo de Jesús su centro principal.

El capítulo uno contesta las preguntas: ¿Cuál fue su posición sobre la entrega y recepción de regalos navideños? ¿Hay algún principio superior que inspire la generosidad humana?

El capítulo dos trata sobre los sermones predicados en la víspera de la Navidad, el 25 de diciembre o el día después de la Navidad. Contesta las preguntas: ¿Qué predicó Elena G. de White en esos sermones sobre la Navidad? ¿Qué temas sobresalieron en tales predicaciones? ¿Qué verdades podemos aprender de ellos?

El capítulo tres se enfoca en el tema tan controversial del árbol de Navidad. ¿Fue éste conflictivo para ella? ¿Será pecado tener un árbol de Navidad? ¿Apoyó ella usarlo en las iglesias? ¿Adornar con motivos navideños va bien con nuestra fe?

El capítulo cuatro habla del corazón de la verdadera generosidad humana, ya que la Navidad, muchas veces es una época de gastos extravagantes y complacencias egoístas. ¿Qué consejos da la señora White sobre el uso del dinero en Navidad?

El capítulo cinco contesta la pregunta: ¿Debemos celebrar la Navidad? ¿Cómo aborda ella directamente esta pregunta? ¿Qué actitudes debemos tener ante la Navidad? ¿Qué consejos nos da Elena G. de White sobre la celebración de días festivos? "¿No tendremos una Navidad que el Cielo pueda aprobar?" –se pregunta la misma señora White.

Que las vivencias de Elena G. de White en relación a la Navidad, y sus consejos al respecto, nos inspiren a ver a Jesús de una manera más gloriosa, recordando que "el propósito del don de profecía es contar la historia de Jesús...". Herbert Douglas, Mensajera del Señor, p. 3. Consultado en diciembre, 2021, en: https://m.egwwritings.org/es/book/12558.120#126.

Que a través de la lectura de **Una Navidad con Elena, para exaltar a Jesús**, cada lector al terminar de leer su última página, pueda exclamar junto al discípulo Andrés: "Hemos encontrado al Mesías, (es decir, el Cristo)" (Juan 1:41. Énfasis agregado.).

Jaime A. Heras, DMin., CFLE
Director de la región hispana,
Director de Ministerio Infantil,
Conferencia del Sur de California,
Downey, CA. Agosto, 2022.

NAVIDAD
como ninguna

Rodeado de familias y costumbres,
nos sentamos a la cena navideña
un día con los White, en el invierno,
rodeado de regalos oportunos.

Colgados los botines con sus nombres,
adentro con almendras y con nueces,
si acaso una naranja con un queso,
frugales, deliciosos sin excesos.

Un té oloroso de ciruelas y manzanas,
y en la cara infantil, tiernas sonrisas.
En los ojos la chispa de alegría.

Y en el alma un Dios tan generoso.
Las gracias pintaban el ambiente.
Era una Navidad como ninguna.

Frank X. Martin.

— CAPÍTULO I —

JESÚS: el Regalo

Jesús se dio a sí mismo para salvarnos. El amor se humanó en un mundo contaminado de egoísmo. El nacimiento de Cristo es el regalo que no podrá ser jamás igualado. Ni los regalos de todas las navidades juntas, se podrán comparar. La encarnación de Jesucristo no tomó en cuenta nuestro egoísmo. El regalo es mucho más inmenso de lo que podamos concebir.

— Gema # 1 —

"Gracias a Dios por su regalo indescriptible, inefable, inestimable, incomparable, inexpresable. Precioso, más allá de las palabras".

Lois Lebar

Existe una enfermedad que hace que el CO-VID-19 parezca un resfriado pasajero. Estamos todos infectados por ella. Hazte la siguiente prueba: Piensa que te has tomado una foto con un grupo de amigos. Vas a ver la foto por primera vez, ¿a quién buscan tus ojos, más que a nadie? ¡Listo! No te quedan dudas que tienes los síntomas de la enfermedad. No eres el único. Todos estamos enfermos. Nos hace falta apartar los ojos de ese minúsculo "yo", y enfocarlos en Jesús nuestro amante Redentor. Él se presentó a sí mismo como regalo de salvación para toda la humanidad.

Aunque la Navidad es una ocasión para dar y recibir regalos, ninguno debe opacar a Jesús, el mejor de todos los regalos dados al ser humano. La Navidad, según Jesús al encarnarse por nuestra salvación, significa renunciar a obsesionarse consigo mismo.

"Here is the Patience of the Saints: Here are they that keep the Commandments of God, and the Faith of Jesus."   Rev. 14:12.

En relación con los regalos en época de Navidad, la Sra. Elena G. de White enseñó y practicó recomendaciones para dar, de la manera como Jesús se dio a sí mismo. Seis de sus criterios, son:

CRITERIO #1

Al Dador primero.

El principio rector de la Sra. White al dar y recibir regalos de Navidad, estaba centrado en dar a Dios primero, y luego a nosotros. El siguiente comentario lo resume: "Mientras insto a todos a cumplir con el deber de llevar en primer lugar sus ofrendas a Dios, no condeno la práctica de hacer obsequios en Navidad y Año Nuevo a nuestros amigos" (Elena G. de White, *Review and Herald*,
26 de diciembre, 1882). Tratando de explicar nuevamente este principio, ella enfatiza que "está bien que nos otorguemos unos a otros, pruebas de cariño y aprecio con tal de que no olvidemos a Dios, nuestro mejor Amigo" (Ibidem).

CRITERIO #2

Los regalos deben estrechar lazos de amor.

Hablando de la época de fiestas y los intercambios de regalos entre jóvenes y adultos, la Sra. White comentó: "Por insignificantes que sean los regalos, es agradable recibirlos de aquellos a quienes amamos. Constituyen una demostración de que no nos han olvidado, y parecen estrechar un poco más los lazos que nos unen con ellos" (Elena G. de White, *Review and Herald*, 26 de diciembre, 1882).

En varias ocasiones Elena G. de White le envió regalos de Navidad a sus hijos. En la siguiente carta a su hijo Edson, encontramos plasmadas sus preocupaciones, consejos prácticos y el amor de una madre:

Un regalo en la ansiedad.

"Por alguna razón me he sentido ansiosa por ti. Esperaba encontrar una carta tuya aquí en Enosburg, Vermont, pero me decepcioné. Te envié un regalo de

Navidad. Déjame saber de ti" (Elena G. de White, *Manuscript Releases*, número 3, p. 128).

"No te olvidéis de velar y orar. Me he levantado temprano para escribirte. Estoy muy preocupada porque tengas éxito en la guerra cristiana. Los ojos de los ángeles están sobre ti, constantemente. Busca hacer el bien. Ayuda a los que necesiten de ayuda. Ora mucho, esta es tu fuerza. Con mucho amor de tu madre ansiosa, que ora por ti" (Ibid).

Mary Kelsey White

Regalos, consejos y palabras de ánimo.

Lucinda Hall fue la asistente literaria, amiga cercana y confidente de Elena G. de White. Durante la década de 1870, Hall comenzó a trabajar principalmente como copista de la Sra. White, (*Carta 21.* 1871), y sirvió como administradora de la casa de los White durante sus viajes. Los White escribían con frecuencia a la familia, y muy a menudo esas cartas las dirigían directamente a Lucinda (https://ellenwhite.org/people/108, consultado en octubre 2021).

En una de sus cartas, le dice: "Ten ánimo, Lucinda. Espero que nos veamos de este lunes al otro... Quería estar contigo en Navidad, pero todavía estaremos de viaje. Dile a los niños que sus regalos de Navidad están por llegar. Lamentamos no poder haberlos tenido con nosotros cuando estuvimos en Santa Rosa... Mi preciosa hermana, no creas que te he olvidado estando en Battle Creek. No, no. He esperado con gran placer el momento en que nos reuniremos de nuevo" (Elena G. de White, *Carta 29.* 1873; carta escrita desde Chicago, Illinois).

Un regalo práctico, con amor.

Mary Kelsey White, la primera esposa de William White, quien sirvió como editora de la revista *Las señales de los tiempos* [*The Signs of the Times*], y tesorera de la Pacific Press, fue una de las asistentes literarias más confiables de la Sra. White. Después de sus dos años de servicio abnegado en Europa, Kelsey enfermó de tuberculosis. La Sra. White, en un esfuerzo de salvarla, les compró a ella y a William una pequeña casa en Burroughs Valley, California, con la esperanza de que el clima desértico le permitiera recuperarse. (https://encyclopedia. adventist. org/article?id=CB5H, consultado en noviembre 2021).

– Gema # 2 –

"Jesús cambia nuestras penas por alegrías".

Suzie Eller

Desde Battle Creek, en noviembre de 1889 la Sra. White le envió a su nuera Mary, un regalo práctico para su comodidad. Le escribió: "Te envié un baúl con el Dr. Kellogg que contiene un colchón blanco, un colchón pequeño y delgado, y un nuevo edredón. Pensé que esto evitaría el trabajo de hacer estas cosas. Por favor, acéptalos como un regalo de Navidad" (Elena G. de White, *Carta 78*, 1889).

Dolor, cariño, separación y regalos.

El clima del desierto resultó demasiado severo para Mary, y su salud siguió deteriorándose. William escuchó que el clima de Colorado era muy favorable para los enfermos de tuberculosis, así que hizo los arreglos y se cambiaron a ese lugar. William y Mary tuvieron dos hijas, Ella May y Mabel. Ella May, en su libro *"Over my Shoulder"*,

describe el dolor de su padre al ver el desenlace de la vida de su esposa Mary: "A menudo podía ver a mi padre llorando, mientras él y la abuela Kelsey hablaban juntos" (Ella May, *Over my Shoulder*, p. 22).

A pesar de todos los cuidados, Mary no sobrevivió. William quedó con dos niñas de nueve y cuatro años de edad. Esto trajo cambios grandes a su vida y ministerio. Se mudaron a Battle Creek donde pudo pasar más tiempo con sus niñas. Ella May escribió: "Nos alegramos cuando papá nos dijo que en el futuro esperaba estar en casa con nosotros, mucho más que en el pasado. Había sido nombrado secretario de la Junta de Misiones Extranjeras, y de varios comités importantes, y este trabajo lo mantendría en Battle Creek la mayor parte del tiempo" (Ibid).

Antes de la muerte de Mary, William consiguió a una dama, Mary Mortensen, para que cuidara a su esposa. Ella resultó ser muy amorosa y eficiente al atender a su esposa en los últimos meses de su enfermedad. Las niñas y Mary llegaron a amarse mutuamente.

Los siguientes meses fueron de mucho gozo para Ella May y Mabel, pues su padre William pasaba no solo más tiempo con ellas durante la semana, sino también la mayoría de los sábados de tarde. "Durante meses, Mabel y yo disfrutamos de esta compañía del sábado con nuestro padre hasta que empezamos a sentir que él nos pertenecía, casi tanto como pertenecía a la Asociación General" (Ibid, p.

25). Sin embargo, esto no duró mucho tiempo. El Comité de la Asociación General pidió a Elena G. de White y a William que fueran a Australia por dos años y ayudaran a los misioneros que estaban trabajando allá (Ibid). Respondiendo al llamado, William hizo arreglos para que Mary Mortensen se quedara con las niñas mientras ellos se establecían en el extranjero. Las niñas añoraban irse con su padre y él también deseaba tenerlas consigo. Sin embargo, considerando que su trabajo lo mantendría constantemente viajando, decidió que ellas se quedaran en Battle Creek, donde tendrían estabilidad, escuela cristiana al alcance, amistad y el cuidado de Mary.

Ella May y Mabel White

Ella May, recordando ese momento escribe: "Prometimos escribirle a papá una carta cada mes, y él nos recomendó que nos aseguráramos de enviarla a tiempo para que se fuese en el barco que se la llevaría a sus manos, desde San Francisco a Australia. Él prometió escribirnos a menudo y contarnos todo sobre esa parte del mundo. Al mismo tiempo, él nos aseguró que, si alguna vez lograba establecer un hogar propio, él enviaría por nosotras para ir a vivir con él... Con lágrimas besamos a papá y a la abuela" (Ella May, *Over My Shoulder*, p. 26).

La Sra. White y William salieron de Battle Creek rumbo a San Francisco, de donde partirían hacia Australia. Unos quince días antes de su largo viaje, William, en respuesta a una carta escrita por las niñas manifestó su dolor de separación y su cariño hacia ellas: "Srta. Mary Mortensen, querida hermana, no puedo decirte cuánto bien me hace escuchar de mis queridas niñitas. No me percaté de cuánto iba a extrañarlas, y realmente, de lo difícil que sería irme y dejarlas. Cada frase que escriben, y que escribes sobre ellas, la leo una y otra vez, y es un consuelo saber que están bien, y que están con alguien que las ama..." (Ibidem). Y agregó: "El viernes vine a San Francisco y pasé una hora haciendo mis compras navideñas. He enviado por correo a Mabel un pequeño instrumento musical, y un avestruz andante enganchado a un carro. A Ella May le he enviado un pequeño rompecabezas, que espero disfrute. Es mi deseo que lleguen cerca del cumpleaños de Mabel. También compré como regalos de Navidad a Mabel un pequeño juego de platos de peltre, y para Ella May, algunos animales flotantes magnetizados que navegan en un plato de agua… Ojalá consiguieras fotografías de Ella May y Mabel, y me enviaras media docena de cada una" (Ibidem).

Tanto William, como las niñas, cumplieron su palabra. Las cartas fueron y vinieron por cuatro largos años.

En una de esas cartas, William expresó a las niñas que el trabajo de su abuelita no había terminado en Australia, y que, como probablemente permanecerían allí por varios años más, estaba haciendo arreglos para que ellas fueran para allá. Por supuesto que esto les trajo mucha alegría. Ella May describió la escena así: "Después de un momento de silencio, aplaudimos y bailamos de alegría" (Ibid., p. 66). Sin embargo, la carta no terminaba allí. Una sorpresa les aguardaba. En palabras de Ella May: "En la carta papá nos contó una historia que nunca habíamos escuchado antes. Pocos días antes de la muerte de nuestra madre, ella lo había llamado a su cama y le había dicho que esperaba que, después de haber descansado, encontrara una buena mujer cristiana a quien pudiera amar y que le ayudara a hacer un hogar para él y para sus dos niñas. Ahora por fin la había encontrado. Su nombre era Ethel May Lacey… Ella había consentido en ser nuestra madre, y él sabía que la amaríamos tanto como él. Ahora podríamos tener un hogar propio y ser una pequeña familia feliz de nuevo".

En ese momento, las niñas, al escuchar la noticia, se pusieron tristes, ya

– Gema #3 –

"El dar regalos no es algo inventado por el hombre. Dios inició el afán de dar cuando dio un regalo más allá de las palabras, el regalo inefable de su Hijo".

Robert Flatt

que ellas se habían encariñado con Mary y deseaban que ella fuese su mamá. Mabel, con lágrimas en sus ojos, exclamó inmediatamente: "Mary, ¿por qué no puedes ser nuestra madre en lugar de esa otra señora que está allá?". Y entonces, Mary les declaró su secreto. Ella le había prometido al pastor George Tripp que se casaría con él y le ayudaría a comenzar una escuela misionera en África. Además, les dijo que también cuidaría del hijo del pastor Tripp, George, cuya madre también había muerto y que necesitaba una madre tanto como ellas" (Ibid).

Mary aprovechó el momento para proponerle a las niñas, que si estudiaban arduamente y se convertían en misioneras, ella las invitaría para que la ayudasen en África a enseñar en la escuela misionera. Eso las confortó un poco. Y así sucedió; en unas pocas semanas, Mabel y Ella May se despidieron de Mary y sus amigos en Battle Creek, para comenzar un viaje que las llevaría al otro lado del mundo (Ella May, *Over My Shoulder*, p. 66).

Ella May y Mabel llegaron a Australia, justo en los días en que su padre se casaría. Ella May describe el encuentro con su padre, así: "Tres semanas después de que Mabel y yo llegamos a Australia, nuestro padre, con su encantadora novia inglesa, vino de Tasmania. Con amor y ternura, Ethel May Lacey White abrió sus brazos y su corazón a nosotras, niñas huérfanas de madre. Yo tenía trece años y Mabel ocho. No habíamos visto a papá en cuatro años. Después de los saludos, papá fue a la estación por el equipaje. En su camino de regreso, vio a su novia caminando por el camino con dos niñas, una a cada lado sosteniendo sus manos. Papá saltó del carruaje, se arrodilló en el camino a nuestro lado, y nos encerró a las tres en un gran abrazo de oso. ¡Por fin éramos una familia otra vez!" (Ibid, p. 78).

——— CRITERIO #3 ———

Demos de regalo, libros que sean de verdadero beneficio.

La Sra. White no objetaba dar regalos, sin embargo, sugería que los regalos fuesen de verdadero provecho para los receptores. Entre esos regalos estaban los libros. Ella aconsejó: "Yo recomendaría libros que ayuden a comprender la Palabra de Dios o que acrecienten nuestro amor por sus preceptos. Proveamos algo que leer

para las largas veladas del invierno" (Elena G. de White, *Review and Herald*, 26 de diciembre, 1882).

Entre los libros que ella recomendaba estaba una serie para "los niños, hijos, nietos o sobrinos", titulada, "*Lecturas y poesías para el sábado*". Los recomendaba como "libros preciosos que pueden introducirse en todo hogar". Y para tener dinero para comprarlos, ella proponía que en vez de gastar muchas sumas pequeñas, "en caramelos y juguetes inútiles", estas "pueden ahorrarse para tener con que comprar tales libros" (Elena G. de White, *El hogar cristiano,* p. 436).

Para los jóvenes ella propuso, *La vida de José Bates, La vida de Pablo* y los tres tomos de *El espíritu de profecía*. "Estos tomos debieran estar en cada hogar del país". De igual manera apoyó como libro interesante, *La historia de la reforma*, de D'Aubigné (Elena G. de White, *Review and Herald*, 11 de diciembre, 1879, y 26 de diciembre, 1882).

Para todos propuso inscripciones a las revistas *Review and Herald* y *The Signs of the Times*. Y por último, los libros de *Los testimonios,* los cuales "contienen instrucciones que responden al caso de todos, tanto padres como hijos" (Elena G. de White, Review and Herald, 26 de diciembre, 1882).

Ella May, nieta de Elena White en su libro "*Over My Shoulder*", narró un incidente interesante que le recordó a su abuela. Un maestro que enseñaba la clase para niñas a la cual ella pertenecía, "en Navidad [les] regaló a cada una, una copia del nuevo libro de la abuela, *El camino a Cristo*, en el que había subrayado sus pasajes favoritos con tinta dorada. Me pareció muy hermoso, y leí esos pasajes marcados una y otra vez hasta que los memoricé" (Ella May, *Over My Shoulder*, p. 41. Ver Apéndice #3).

A propósito de obsequiar libros, refiriéndose a ellos, la Sra. White recomedó: "Sean los regalos que ofrezcáis de tal índole que derramen rayos de luz sobre la senda que conduce al cielo" (Elena G. de White, *Hogar cristiano*, p. 436).

CRITERIO #4

Demos regalos prácticos, considerando la economía.

Regalos prácticos de amistad.

La Sra. White, estando en Melbourne, Australia, hizo amistad con la familia Ebdall, quienes fueron de mucha ayuda en sus viajes. Con su caballo y su faetón, la transportaban de la estación de tren a la escuela, donde establecieron su morada antes de construir su casa.

En una carta escrita a su hijo William, el 27 de diciembre de 1892, ella describió esa Navidad en los siguientes términos: "Ayer se celebró la Navidad. Yo estaba tan seriamente comprometida en la escritura de un material que merecía mi atención, que cabalgué fuera, solo por una hora" (Elena G. de White, *Carta 89*, 1892).

Aquel día terminó con una nota positiva y un toque de cariño. Ella escribió en su diario que la hermana Ebdall vino a verla y "me hizo un regalo de un bolso, que necesitaba. Ese es todo el regalo que recibí. Yo no he hecho regalos, porque no tengo dinero para gastar" (Elena G. de White, *Manuscript 39*, 1892).

Siete meses después en una carta a su hijo William, la Sra. White expresó en relación a la cortesía de la hermana Ebdall: "¿No estaría bien hacerle a la hermana Ebdall un regalo de algunos frutos secos de mi parte? Ella ha sido muy amable conmigo. Tu madre" (Elena G. de White, *Carta 133*, 1893).

Un regalo sencillo, sin lujos.

Ella May White, recordando los meses fríos del invierno, describe lo que era entonces la dieta acostumbrada en esos meses difíciles:

"Durante los meses de invierno había pocas frutas frescas o verduras de ensalada en el mercado. Los alimentos congelados eran una mercancía del futuro, y las verduras enlatadas solo estaban comenzando a hacer su aparición en las tiendas. De noviembre a junio, papas y cebollas, col y frijoles, arroz y cereales, fueron nuestros artículos básicos de alimentos. Los plátanos eran un lujo caro. ¿Y naranjas? Bueno, podríamos estar bastante seguros de encontrar una en nuestra botita de Navidad" (Ella May, *Over My Shoulder*, p. 37).

Un regalo y consejos de economía.

Cuando Edson, el hijo de la Sra. White era adolescente, tenía la tendencia de gastar mucho o gastar innecesariamente. En una carta, su madre preocupada le escribe consejos ante la cercanía de la Navidad, diciéndole: "Querido hijo, te envío un regalo de Navidad. Acéptalo de tu querida madre. Si ya compraste uno, trata de venderlo sin perderle dinero. Tu madre" (Elena G. de White, Carta 19. 14 de diciembre, 1867). Y concluyó: "Ten cuidado con tu dinero. No gastes un centavo innecesariamente. No te hagas regalos de Navidad porque no puedes costearlos" (Ibid).

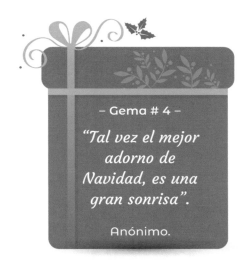

– Gema # 4 –

"Tal vez el mejor adorno de Navidad, es una gran sonrisa".

Anónimo.

____ CRITERIO #5 ____
Demos regalos para proyectos misioneros.

Un regalo para un barco.

En 1891, Elena G. de White escribió un documento dirigido a los líderes de la iglesia, titulado, *"Nuestro deber para con la gente de color".* Este llamado al servicio fue lo que estimuló el celo misionero de James Edson White, su hijo. Edson lanzó una obra evangelística y educativa entre la gente del sur de los Estados Unidos. Lo hizo construyendo un barco misionero que nombró *"La estrella de la mañana"* ["The Morning Star"]. Ese barco proporcionó residencia, una capilla, un aula escolar y una imprenta a la naciente obra entre gente afrodescendiente, al sur de los

Estados Unidos (https://m.egwwritings.org/en/book/139.2#12, consultado en noviembre 2021).

En la siguiente carta, escrita desde Australia, dirigida a Edson y su esposa Emma, Elena G. de White hizo mención a este proyecto misionero y contesta un pedido de su hijo.

"Gozaría mucho de una visita de ustedes, hijos míos... Sobre la pregunta que me haces en referencia a tu apropiación de $100 dólares como tu parte en la capilla flotante, *"La estrella de la mañana",* tú puedes invertir los $100 dólares como propones, y puedes contar conmigo con un regalo de Navidad de $100 dólares. Llegará tal vez bastante tarde, pero podrá ser utilizado en tu trabajo misionero en el sur, o para satisfacer tus necesidades... Nos sentimos profundamente ansiosos de que vayas a tu campo de trabajo con una gran dotación del Espíritu Santo de Dios, que será más valioso para ti que el oro, la plata y las piedras preciosas. El Señor es nuestra dependencia y confianza en todo momento. En él podemos tener una fe ilimitada y confianza perfecta. Él es nuestra única esperanza en tiempos de prueba" (Elena G. de White, *Carta 124,* 1894).

Un regalo para el adelanto de la obra de Dios en Australia.

La Sra. White recibió un regalo muy inusual. La obra en Australia estaba avanzando, pero no había el dinero para su progreso como ella deseaba. En una carta a los hermanos Hart de Estados Unidos, les dijo: "Recibo muchas peticiones de ayuda para abrir los grandes campos de misión que nos rodean, y para construir casas de reuniones donde se han levantado iglesias. También estoy tratando de ayudar a la escuela, al *Retiro de salud* y al *Sanatorio de Sydney...*". Su salario y lo que recibía de la venta u honorarios de sus libros, "no [llegaban] lo suficientemente rápido como para satisfacer las demandas, y no [podía] dar tanto a estas empresas como [deseaba]" (Elena G. de White, *Carta 31,* 1900).

Conociendo esta situación, el hermano y la hermana Hart le enviaron un regalo de Navidad en forma de préstamo. Con corazón agradecido, ella les escribió: "Les damos las gracias por su regalo de Navidad. Que el Señor los bendiga abriendo [un] camino ante ustedes por el cual puedan recibir más para impartir. Sé que los que imparten constantemente, reciben más para impartir". Aunque esta ayuda implicaba endeudarse por la causa, ella la aceptó porque: "El trabajo debe continuar; no podemos permitirnos que se detenga. El sanatorio debe ser construido. El Señor seguramente nos ayudará, porque no hemos retenido nada egoístamente. Mi mayor deseo es ver el trabajo avanzando" (Ibid. Énfasis agregado).

CRITERIO #6
Demos regalos que produzcan alegría a los niños.

Arthur White, el nieto de Elena White, en su libro *The Early Elmshaven Years,* volumen 5, 1900-1905, relata un incidente sobre la vida de su abuela al llegar a Nueva York: "El jueves, ella y Willie tomaron el tranvía hacia Brooklyn para ver un restaurante vegetariano en la esquina de las calles Fulton y Cranberry, y también para visitar a George A. King y Carl Rasmussen, quienes administraban el negocio. Las familias de ambos vivían en el piso, arriba del restaurante.

Los Rasmussens tenían varios hijos y una cuñada viviendo con ellos. Esta última había vivido en Battle Creek hacía varios años y había conocido allí a la Sra. White. Ella había preparado muy bien a sus sobrinos, los hijos de los Rasmussens, para que tuviesen miedo a la visita de la profetisa. Ella creía que era pecado que los niños riesen y jugasen con juguetes, y les decía a los niños que la hermana White pensaba igual que ella.

Cuando la Sra. White fue presentada

a los niños, estos quedaron asombrados, pues ella volteó a ver a su hijo, y le dijo: " 'Willie, ¿dónde están las cosas para los niños?'. Willie sacó dos paquetes, cada uno con un tren de juguete... La Sra. White y Willie disfrutaron de la buena cena en casa de los Rasmussens y los Kings, y para terminar comieron de postre un pastel danés de Navidad que había preparado la señora Rasmussen... Al principio, los niños de los Rasmussens tenían miedo de reírse, pero cuando vieron que Elena White sonreía y que el Sr. White se reía de sus propias historias, pronto ellos también lo hacían. La hermana White no tenía ninguna objeción hacia el humor prudente, pero le desagradaban las risas bulliciosas y desenfrenadas" (Arthur L. White, *The Early Elmshaven Years: 1900-1905,* Vol. 5, p. 139).

En vez de buscar excusas para no dar regalos en Navidad, busquemos razones para dar y traer bendición a los que nos rodean. La generosidad desinteresada tiene un poder transformador tal, que ciertamente reproduce en el corazón la atmósfera del cielo.

¿Recuerdas la enfermedad mencionada al principio del capítulo? Las siguientes palabras del apóstol Pablo contienen una recomendación puntual; el dice en Hechos 20:35: "En todo os he enseñado que, trabajando así, se debe ayudar a los necesitados, y recordar las palabras del Señor Jesús, que dijo: "Más bienaventurado es dar que recibir" (Reina Valera de 1995)

Jesús es el Regalo para todas las personas

– Gema #5 –

"Donde ocurre la gracia, la generosidad sucede".

Max Lucado

EL REGALO
Incomparable

Mil gracias mi Dios por el Regalo,
por enviar a Emmanuel entre nosotros,
a nacer en Belén como criatura
que asombró los cielos y universo.

A tu nombre gloria en las alturas,
por el perdón universal que proveíste,
por enseñarnos que tu amor es infinito,
porque nos diste salvación inmerecida.

Jesús es el regalo incomparable,
que duele a un corazón grande y amable,
significa esperanza allá en la cuna.

Significa perdón desde la cumbre,
significa tu amor en su grandeza.
Dios eterno, Dios excelso, Dios realeza.

Frank X. Martin.

CAPÍTULO II

JESÚS: el Emanuel

"**Jesús, amante de mi alma**", era el himno favorito de Elena G. de White escrito por Charles Wesley en 1740. Una de sus estrofas decía: "Escóndeme, oh mi Salvador, escóndeme, entretanto la tormenta de mi vida pasa". Su amor por el Salvador no solamente se reflejaba en su pluma, sino también a viva voz mediante sus sermones, especialmente en aquellos predicados en ocasión de Navidad.

– Gema #6 –

"Este es el mensaje de Navidad: Nunca estamos solos.

Taylor Caldwell

Según registran los escritos de Elena G. de White, al menos en doce ocasiones ella predicó en la víspera de la Navidad, el 25 de diciembre o un día después. A veces sus sermones fueron sobre alguna necesidad local, y otras sobre la Navidad misma.

A continuación aparecen ocho verdades sobre Jesús, enseñadas por la Sra. White a través de sus sermones predicados en ocasión de la Navidad:

VERDAD #1

Jesús desea que volvamos a él.
Miércoles 24 de diciembre de 1856,
Waukon, Iowa.

Su primer sermón en Navidad (del que se conoce registro) lo expuso el 24 de diciembre de 1856, cuyo título fue: "Volved a mí". Mientras recorría el medio oeste de los Estados Unidos, en el otoño de 1856, estando en el pequeño pueblo de Round Grove, Illinois, Dios le mostró que una compañía de hermanos ubicada en Waukon, Iowa, necesitaba ayuda. Satanás había tendido una trampa de desunión y apostasía a esas pre-

ciosas almas. Era necesario ir a rescatarlas. Ella escribió: "Yo no pude quedar tranquila hasta que decidí visitarlos" (Elena G. de White, *Notas biográfi cas de Elena G. de White*, p. 176).

Cuando llegó a Waukon la tarde del 24 de diciembre de 1856, para su sorpresa, encontró que casi todos los "observadores del sábado" lamentaban que hubiese llegado a visitarlos. Había un prejuicio grande hacia ella y sus acompañantes.

Esa noche tuvieron una reunión. Ella fue tomada en visión y el poder de Dios descansó sobre los que estaban allí. Dios le dio un mensaje a Elena G. de White para ayudar a las almas descarriadas. El mensaje era: "Volved a mí, y yo me volveré a vosotros, y sanaré vuestras apostasías. Quitad la basura de la puerta de vuestro corazón, y abrid la puerta, y yo entraré y cenaré con vosotros. Yo vi que, si ellos se arrepentían, confesaban sus errores y abrían el camino, 'Jesús andaría en medio de nosotros con poder' " (Ibid).

¿Cuál era la mayor necesidad de esas almas descarriadas? Necesitaban a Jesús para que caminara con ellos y les diera poder para vencer. Pero antes de obtener la victoria, ellos necesitaban abrirle la puerta de sus corazones para dejarlo entrar.

Jesús es nuestra mejor medicina contra el desánimo. Dejémoslo entrar para que él disipe toda tiniebla llenando con su luz cada rinconcito de nuestro necesitado corazón.

____ VERDAD #2 ____

Jesús continúa llamando a niños y a jóvenes para que le sirvan en su obra.

Miércoles 25 de diciembre de 1867,
Washington, New Hampshire.

En el año de 1844 en una reunión en Washington, New Hampshire, William Fransworth de repente se puso de pie y declaró que él iba a guardar el sábado. Otros le siguieron en su decisión. Con el pasar de los años, él había apostatado y secretamente había regresado al uso del tabaco.

El lunes 23 de diciembre de 1867, en la casa de William Fransworth, se llevó a cabo una reunión que comenzó de mañana y se extendió por cinco horas. Elena G. de White dirigió esa reunión. A medida que avanzaba en su mensaje, Dios la inspiró a animar, confrontar y a desafiar a los que estaban presentes. Sentado en esa reunión se encontraba Eugenio, un joven de diecinueve años. Se trataba de uno de los veintidós hijos de William. Al ver cómo Elena G. de White confrontaba a algunos de los presentes, un pensamiento se le vino a su mente. ¿Qué tal si ella confrontara a su papá? Él sabía lo que la mayoría desconocía, que su papá masticaba tabaco. La granja de ellos se encontraba muy aislada y William aprovechaba a masticar tabaco a escondidas. Pero Eugenio lo había visto escupir el tabaco en la nieve y cubrirlo rápidamente con sus botas. Mientras estos pensamientos giraban en su cabeza, Elena G. de White se volteó y se dirigió a William diciendo: "He visto que este hermano es un esclavo del taba-

co. Pero lo peor del asunto es que está actuando como un hipócrita, tratando de engañar a sus hermanos para que piensen que lo ha descartado, como prometió hacer cuando se unió a la iglesia" (Arthur L. White, *The Progresive Years: 1862-1876*, vol. 2, p. 218).

Años más tarde, Eugenio testificaba que lo que había presenciado ese lunes era una manifestación del don profético. Como resultado de este mensaje de Elena G. de White, muchos de los presentes respondieron con un espíritu de arrepentimiento y confesión. Inclusive, algunos padres también confesaron sus faltas a sus hijos. Estas reuniones siguieron por varios días y todo esto conmovió a los jóvenes que habían estado escuchando y observando.

Arthur L. White describe lo que sucedió después: "El miércoles de mañana, día de Navidad, se celebró una reunión y trece niños y jóvenes expresaron su determinación de ser cristianos" (Arthur L. White, *Mujer de visión,* p. 140).

"Cinco jóvenes no estaban presentes en esa mañana de Navidad, pero en respuesta a las exhortaciones de sus jóvenes amigos, ellos también dieron sus corazones al Señor, haciendo un total de dieciocho, cuyas vidas fueron cambiadas durante esos cinco días memorables en Washington. Algunos de ellos querían bautizarse sin demora, de modo que se serruchó un agujero en el hielo de una laguna cercana llamada Millan Pond (laguna Millan), y con gozo procedieron con este rito.

Otros esperaron hasta la primavera, a

la llegada de un tiempo más templado. Nueve de los dieciocho llegaron a ser obreros de la iglesia en la causa de Dios, y algunos ocuparon posiciones prominentes" (Ibidem).

Ella May, la nieta de Elena G. de White describió ese día como: "La Navidad más feliz para el grupo de adventistas en Washington, New Hampshire. Los niños estaban tan contentos al hacer el regalo de sus corazones a Jesús, que los regalos entre ellos, casi fueron olvidados" (Ella N. Robinson, *Stories of My Grandmother,* p. 156).

Todavía hoy, Jesús sigue tocando a niños y jóvenes para que le sirvan en su obra.

—— VERDAD #3 ——

Dios está preparando a su pueblo para el templo celestial donde Jesús, el Cordero, es digno de adoración.

Sábado 25 de diciembre, 1886. Tramelan, Suiza.

Fue un fin de semana ocupado. El sábado 25 de diciembre la Sra. White predicó en la dedicación del primer templo adventista en Europa. Luego el domingo predicó un sermón de Navidad en el que incluyó las resoluciones de año nuevo.

Era viernes 24 de diciembre de 1886. Elena G. de White viajaba en tren desde Basilea, Suiza, a un pequeño pueblo llamado Tramelan. Le acompañaban Guillermo Ings y Juanita, su esposa. La señora White había sido invitada a dar el sermón de dedicación del templo de la primera iglesia adventista en Europa.

El sábado de Navidad todo estaba listo para la dedicación del pequeño templo. La familia Roth lo había construido en un terreno al lado de su hogar a un costo de 330 francos (660 dólares). Antes del sermón el coro cantó dos himnos, se entonó un canto congregacional, y el hermano Erzberger tuvo una oración (Elena G. de White, *Manuscript Releases, número 3,* pp. 230-236).

Elena G. de White, en su sermón de dedicación, predicó acerca del templo de Salomón, cuya historia se registra en 1 Reyes 8:54-56. Ella explicó que el arca de Dios había peregrinado por cuarenta años en el desierto, desde Horeb a Jerusalén, y todavía en tiempos del rey David se encontraba en el tabernáculo construido en el desierto.

– Gema #7 –

Y aquel Verbo se hizo carne, y habitó entre nosotros (y vimos su gloria, gloria como del unigénito del Padre), lleno de gracia y de verdad."

Juan 1:14. (RVR1977)

Primer templo adventista en Europa

El rey, al estar viviendo en un palacio de cedro se sintió culpable de que no hubiese un lugar apropiado para establecer el arca de Dios, el cual representaba la presencia del Señor. Él concibió la idea de que se construyera un templo más digno para la residencia de Dios. El lugar se escogió, las instrucciones se dieron y a Salomón le tocó construirlo.

Entre las distintas aplicaciones que la Sra. White dio sobre el pasaje citado anteriormente, ella escribió lo siguiente:

"Es cierto que el grupo de Tramelán es pequeño, comparado con los millones de personas que adoraron en el templo de Salomón, pero la presencia del Señor no se limita por el número. La promesa es 'donde están dos o tres congregados en mi nombre, allí estoy yo en medio de ellos' (Mateo 18:20). Estamos agradeci-dos por el hecho de que Dios ha puesto en el corazón de los hermanos Roth el deseo de levantar esta casa confortable y atractiva para adorarlo. Cuando Dios ve los esfuerzos hechos, según su capacidad, para construir una casa para su honor, aunque sea humilde, él la aceptará y aprobará el servicio sincero de los adoradores. El primer tabernáculo construido de acuerdo con las instrucciones divinas contó ciertamente con su bendición. De este modo el pueblo se fue preparando para adorar en el templo no hecho de manos—un templo en los cielos. Las piedras del templo construido por Salomón fueron preparadas en la cantera y luego trasladadas hasta el lugar del templo... *del mismo modo, la poderosa espada de la verdad ha sacado a un pueblo de la cantera del mundo y está preparando a los que profesan ser hijos de Dios, para que ocupen un lugar en su templo celestial"* (*Manuscript 49*, 1886. *Elena G. de White en Europa*, p. 285. Énfasis agregado).

Después de 135 años, este primer templo adventista en Europa, todavía existe. La División Inter-Europea lo compró y lo conserva como un legado del cuidado de Dios hacia ese pueblo que continúa preparándose para el templo celestial, donde cantará el cántico de Moisés y del Cordero.

——— VERDAD #4 ———
Jesús vivió una vida de sacrificio por nosotros, para que nosotros hagamos lo mismo por los demás.
Domingo 26 de diciembre, 1886,
Tramelan, Suiza.

El domingo 26 de diciembre de 1886, o sea, el día siguiente de su sermón de dedicación del templo en Tramelan, Suiza, la Sra. White tuvo otra oportunidad de predicar. En esta ocasión habló sobre el significado de la Navidad y las resoluciones de nuevo año. Basó su sermón en Tito 2:11-14 (*Reina valera contemporánea*):

"Porque la gracia de Dios se ha manifestado para la salvación de todos los hombres, y nos enseña que debemos renunciar a la impiedad y a los deseos mundanos, y vivir en esta época de manera sobria, justa y piadosa, mientras aguardamos la bendita esperanza y la gloriosa manifestación de nuestro gran Dios y Salvador Jesucristo, quien se dio a sí mismo por nosotros para redimirnos de toda iniquidad y purificar para sí un pueblo propio, celoso de buenas obras".

La Sra. White introdujo su predicación diciendo: "Esta es la misión de Cristo—dar salvación a todos los que serán reconciliados con Dios. Él vino a apartar a los pecadores de sus pecados" (*Manuscript 60*, 26 de diciembre, 1886). Luego continuó explicando Génesis 3:15; habló sobre cómo les fue presentado el evangelio a Adán y a Eva después de haber caído, cuando se les dijo que Dios proveería de un Salvador. Siguió diciendo cómo la simiente de la mujer heriría la cabeza de Satanás y que éste, a su vez, heriría el talón del Mesías. Aplicó Isaías 53:5 a Cristo diciendo que él "herido fue por nuestras rebeliones, molido por nuestros pecados; el castigo de nuestra paz fue sobre él". Hablando de como Cristo se compadeció por la humanidad, agregó: "Cuando vino a este mundo, dejó a un lado la gloria que tenía antes de que el mundo existiera, y vistió su divinidad con humanidad. ¡Qué muestra de interés por parte de nuestro Salvador! Cristo vio que era imposible para el hombre vencer y llegar a ser un conquistador con su propia fuerza" (Ibid).

Luego habló de la necesidad de recordar que el hijo de Dios se hizo carne. Ella expresó: "Sería bueno que nuestras mentes fueran llevadas de vuelta al tiempo en que el Hijo de Dios fue hecho carne. Contempladlo en el pesebre, y recordad cómo el ángel del Señor se apareció con gran gloria a los pastores que velaban sus rebaños

Tabernáculo de Battle Creek

de noche y anunciaban con alegría a un Salvador nacido en Belén. También había una multitud de las huestes celestiales alabando a Dios, y diciendo: 'Gloria a Dios en las alturas, y en la tierra paz, buena voluntad para con los hombres' (Lucas 2:14). También había magos que habían sido guiados desde oriente por una estrella hasta el lugar donde había nacido el niño Jesús. Vinieron a adorarlo, y trajeron sus regalos a Jesús: oro, incienso y mirra" (Ibid).

Habiendo recordado a los oyentes lo que pasó en el pesebre, ella los desafió a hacer lo mismo que los sabios, traer sus dones a Jesús, quien "hizo un sacrificio tan grande por nosotros". Esos regalos deben fluir "hacia otro canal, donde puedan ser usados en la salvación de los hombres". Y así como Cristo se hizo pobre por nosotros, "en vez de agradarnos a nosotros mismos, buscaremos hacer el bien a otros e impartir beneficios a la humanidad sufriente.

A menos que lo hagamos, no podemos esperar tener parte con Cristo" (Elena G. de White, *Alza tus ojos*, p. 372).

——— VERDAD #5 ———
Jesús vino a tomar nuestro lugar y a rescatar las almas perdidas. El inocente sufrió por el culpable.
Martes 24 de diciembre, 1889. Battle Creek, Michigan.

En Nochebuena de 1889, hubo una celebración de Navidad en el Tabernáculo de Battle Creek, Michigan. Elena G. de White, recordando lo sucedido, escribió en su diario que todo había salido bien, porque se había manifestado un espíritu de gratitud de manera modesta y solemne. Ella explicó:

"...Jesús, el Príncipe de la vida, vino a este mundo como el bebé de Belén para ofrecerse por nuestros pecados. Vino para cumplir las predicciones de los profetas y videntes a quienes había instruido para que comunicaran y cumplieran los consejos del cielo, y para que al cumplir la gran misión que era su obra, se verificara el cumplimiento de sus propias palabras. Y por eso cada alma se encuentra bajo la más solemne obligación de agradecer a Dios porque Jesús, el Redentor del mundo, se ha comprometido a lograr la plena salvación de cada hijo e hija de Adán… El sacrificio era amplio, y en plena armonía con la justicia y el honor de la santa ley de Dios. El inocente sufrió por el culpable, y esto debiera despertar la gratitud más plena" (Elena G. de White, *Cada día con Dios,* p. 366).

Eran las diez y media de la noche cuando ella comenzó a predicar a los que se habían reunido en el Tabernáculo. Habló por unos cincuenta minutos. En esta ocasión predicó sobre la importancia de entrenar a las personas en la tarea de la ganancia de almas, ya que "la obra en favor de la salvación de las almas no debe descansar solo sobre los pastores". Seguidamente agregó: "La obra del Señor debe ser realizada por los miembros vivientes del cuerpo de Cristo… Los ha incorporado al ejército del Señor, no para que la pasen bien, no para que vean cómo entretenerse, sino para soportar pruebas como fieles soldados de la cruz de Cristo". Terminó su sermón haciendo el siguiente llamado: "Cada recluta debe hacer su parte, debe ser vigilante, valiente y leal". Después de terminar de predicar,

hubo lindos testimonios.

—— VERDAD #6 ——
En Jesús se encuentran los regalos más preciosos del cielo a nuestra disposición.
Miércoles, 24 de diciembre de 1890, Washington DC.

El viernes 19 de diciembre de 1890, la Sra. White partió de Lynn, Massachusetts, a Washington, DC, para asistir a una semana de oración. El miércoles 24 escribió: "No me he sentido tan bien como de costumbre. Hablar tantas veces por las noches no es favorable para mí". Aún así, esa noche predicó sobre Lucas 10:25-28. No quedó escrito lo que dijo, pero sabemos que es el pasaje sobre amar a Dios con todo el corazón.-

– Gema #8 –

"*¿Quién puede agregar a la Navidad? El motivo perfecto es que Dios amó tanto al mundo. El regalo perfecto es que dio a su Hijo único. El único requisito es creer en él. La recompensa de la fe es que tendrás vida eterna*".

Corrie Ten Boom

Sunnyside, casa de Elena G. de White en Australia.

La mañana del jueves 25 de diciembre asistió a una reunión de oración. Allí le pidieron que dirigiera los momentos de oración y se sintió al Espíritu del Señor descansando sobre los que oraban. Luego volvió a predicar sobre Lucas 10:25.

No habiendo dormido bien el miércoles de noche por preocupaciones y visiones sobre la causa de Dios, el jueves de noche Dios le dio tranquilidad a su alma, y el viernes 26 de diciembre ella escribió en su diario, el siguiente mensaje extraordinario sobre Jesús y la Navidad: Leamos: "He tenido una bendición muy preciosa toda la noche. Dormí un poco, pero mi corazón estaba lleno de alabanza y acción de gracias a Dios. Jesús era precioso para mi alma y el amor de Dios era tan grande que deseaba morar en él y ser consolada, y la paz de Cristo descansaba sobre mí en gran medida...

Se me aseguró que de nada carecen las benevolentes provisiones hechas para nuestro aliento.

Nuestro Salvador nos presenta que los tesoros del poder divino están enteramente a nuestro mando... Debemos tener fe para recibir las más ricas bendiciones, y debemos ser canales para recibir los rayos brillantes del Sol de Justicia y comunicarlos al mundo... Esta noche mi mente está especialmente elevada, y estoy respirando la atmósfera del cielo.

La temporada navideña es la ocasión de hacer regalos unos a otros, pero **los regalos más preciosos Cristo los ha dado al mundo en sí mismo**, para que el mundo por medio de él no perezca, sino tenga vida eterna.

Los regalos y las ofrendas deben ser traídos a Cristo. El regalo más pre-

The Advent Review
AND SABBATH HERALD.

"Here is the patience of the Saints: Here are they that keep the Commandments of God, and the Faith of Jesus." Rev. 14:12.

ciado de todos es el de entregarle tu corazón sin ninguna reserva. ¡Cuán aceptable sería para Cristo tal ofrenda! Dale a Jesús todo tu corazón, para que él escriba su imagen y su inscripción allí, y para que envíe sus rayos de justicia en él y así sea enviado al mundo a través del agente viviente" (Elena G. de White, *Manuscript 53*).

____ VERDAD #7 ____
Navidad es una época propicia para hablar del nacimiento de Jesús, y de su gran sacrificio para salvar a un mundo perdido.

25 de diciembre de 1891, Melbourne, Australia.

El jueves 12 de noviembre de 1891, Elena G. de White se embarcó en el vapor S. S. Alameda, rumbo a Australia. Después de veintiséis días de viaje, el 8 de diciembre, a las 7:00 de la mañana, el barco arribó en el puerto de Sydney, considerado como uno de los más hermosos del mundo. Sin embargo, el destino final de la Sra. White sería Melbourne, en donde llegó el miércoles 16 de diciembre (Arthur L. White, *Mujer de visión*, p. 289).

La Sra. White vivió en Australia nueve años. Su ministerio allá se caracterizó por "una visión inspiradora de compartir al mundo un evangelio centrado en Cristo" (https://encyclopedia.adventist.org/article?id=17VN, consultado en noviembre 2021).

En esos nueve años, ella escribió muchos consejos sobre Navidad, sin embargo, solo tenemos el registro de cuatro sermones predicados sobre el tópico. Tan solo nueve días después de haber llegado a Melbourne, predicaría su primer sermón de Navidad.

Había unas cien personas presentes, que representaban las iglesias de Australia. Basó su sermón en Juan 3:16, 17 y habló sobre el primer advenimiento de Cristo al mundo. Dijo: "El Señor me dio gran libertad y mucho de su Espíritu al hablar del primer advenimiento de Cristo, cuando los ángeles anunciaron su nacimiento a los pastores que esperaban y cantaron sus alegres canciones sobre las llanuras de Belén" (Elena G. de White, *Bible Echo and Signs of The Times*, 1 de enero, 1892).

Su segundo sermón de Navidad en

Australia, lo predicó el domingo 24 de diciembre de 1893 delante de un grupo de unas treinta personas, en una pequeña iglesia cerca de Kellyville, en las afueras de Sydney, donde se habían reunido para adorar a Dios. Ese día escribió en su diario: "Les hablé con mucha libertad con respecto a la misión de Cristo en nuestro mundo. Era un grupo atractivo e inteligente, y sentí que era un privilegio hablar con ellos. Parecían muy interesados" (Elena G. de White, *Manuscript 89*, 1893).

Su tercer sermón de Navidad lo predicó ese mismo día por la noche en la Iglesia Adventista de Parramatta, Sydney. Acerca de la ocasión, escribió: "Había muchos no creyentes. El Señor me bendijo al hablar sobre el nacimiento de Cristo, las ofrendas de Navidad y el gran sacrificio hecho por Jesucristo para salvar un mundo perdido" (Ibid).

Su cuarto y último sermón registrado en Australia, lo predicó en un campestre en Newcastle, New South Wales, el 25 de diciembre de 1898, dos años antes de regresar a Estados Unidos. Lo único que quedó registrado sobre ese sermón es que predicó por una hora sobre Juan 13. Basados en el contenido del capítulo, asumimos que presentó a Jesús como el siervo humilde.

Para Elena G. de White la Navidad era una época propicia para hablar del nacimiento de Jesús, y de su gran sacrificio para salvar a un mundo perdido.

— Gema #9 —

"La Navidad es amor en acción. Cada vez que amamos, cada vez que damos, es Navidad".

Dale Evans

El miércoles 29 de agosto de 1900, después de nueve fructíferos años en Australia enfocados en la misión, la Sra. White se embarcó en el vapor Moana, de regreso a Estados Unidos.

VERDAD #8
Jesús inspira el corazón a un servicio abnegado y altruista.

Martes 25 de diciembre de 1900,
San Francisco, California.

Del 21 al 29 de diciembre de 1900, la Sra. White tuvo una semana de oración en San Francisco y Oakland. El martes 25 de diciembre predicó sobre Colosenses 2. Su propósito fue mostrar que el verdadero servicio hace a los creyentes abnegados y altruistas; y cómo "a través de la santificación de la verdad, pueden abundar en obras de benevolencia para la elevación de otros" (Elena G. de White,

Manuscript Release, número 17, p. 43). Amplió diciendo: "Traté de mostrar lo que Cristo es para nosotros, y lo que podemos ser para él, como su mano amiga..." (*Review and Herald,* 19 de febrero, 1901).

En el sermón utilizó las palabras de Jesús a la samaritana: "Si conocieras el don de Dios, y quién es el que te dice: Dame de beber; tú le pedirías, y él te daría agua viva... Cualquiera que bebiere de esta agua, volverá a tener sed; mas el que bebiere del agua que yo le daré, no tendrá sed jamás; sino que el agua que yo le daré será en él una fuente de agua que salte para vida eterna" (Juan 4:10-14). De esta manera –sigue diciendo– "se presenta la experiencia del corazón agradecido. Continuamente se desborda en bendiciones para los demás" (Elena G. de White, *Manuscript Releases,* número 17, p. 43). Posteriormente, ella mencionó cómo el apóstol Pablo añoraba que los colosenses "gozaran al máximo de las bendiciones del evangelio" y cómo "mediante la fe en Cristo se puede alcanzar el estándar más alto de perfección cristiana" (Ibid., p. 44). Al final, ella hizo una apelación: "Un diezmo fiel, y regalos y ofrendas, para que haya dinero en su tesorería para el avance de su obra. Nuestro dinero es suyo y le será devuelto. Cristo es la luz, la vida y el gozo de su pueblo abnegado. Porque él vive, ellos también vivirán" (Elena G. de White, *Review and Herald,* 19 de febrero, 1901).

El resultado de la predicación se dejó ver en el espíritu de los presentes. La Sra. White lo describió en estas palabras: "El Señor nos dio una victoria especial en este encuentro, y los rostros de los presentes mostraron su deseo de crecer en la gracia y en el conocimiento de la verdad" (Ibid). Tiempo después, al recordar lo que sucedió en esa ocasión, ella escribió:

"El espíritu de liberalidad llegó a nuestra reunión en San Francisco, y la gente dio voluntariamente a la obra del Señor. Me siento muy agradecida a nuestro Padre Celestial por esta evidencia del movimiento de su Espíritu sobre los corazones. Que el noveno capítulo de segunda de Corintios sea leído en todas nuestras iglesias, para que los miembros puedan captar la inspiración de la liberalidad. Dios ayude a su pueblo a ver las cosas con una luz correcta, y a despertar para enfrentar las urgentes emergencias que siempre surgen en esta guerra agresiva. Al dar con alegría y voluntad los recursos confiados por el Señor, les confiará más para impartir. Él es poderoso para hacer abundar toda gracia para con los dadores alegres, para que, teniendo siempre toda suficiencia en todas las cosas, abunden para toda buena obra" (Elena G. de White, *Manuscript Releases,* número 17, p. 45).

Ese día de Navidad se recogieron en la iglesia de San Francisco, entre doscientos y trescientos dólares. Lo que hoy podría parecer una cantidad insignificante, para ese grupo pequeño de creyentes no lo fue. El resultado de esa liberalidad fue obra del Espíritu Santo trabajando en Navidad para producir en los corazones una actitud de generosidad abundante.[1]

El hilo que entreteje los temas presentados en Navidad por Elena G. de White, es Jesús, quien vino a darnos en sí mismo los regalos más preciosos del Cielo. Jesús es el evangelio. Su amor nos atrae con una bondad irresistible. **La Navidad es la llegada de Dios al mundo para conquistar con sus más elevados afectos, nuestros corazones.**

_____

1 **Nota:** En ese tiempo el salario promedio era de 600 dólares al año y las personas trabajaban un promedio de 60 horas a la semana, y muchos ni siquiera ganaban esa cantidad. Es posible calcular que en dinero actual, en esa ocasión se recogieron entre, $7,500 a 10,500 dólares.

Una excitación febril vibra en el aire. Dios se ha hecho carne para ser "Emanuel, que traducido es, Dios con nosotros" (Mateo 1:23). Para Jesús no fue un premio nacer entre nosotros, fue la peor humillación.

Su Padre traspasó todas las propiedades a su nombre, pero Jesús escogió nacer sin una cama asegurada para el parto de su madre. Vivió sin poseer siquiera una almohada y al morir lo enterraron en una tumba prestada.

"Cristo... unió a la humanidad consigo mismo con un lazo de amor que jamás romperá poder alguno, salvo la elección del hombre mismo" (Elena G. de White, *El camino a Cristo*, p. 72). Escojamos en esta Navidad y cada día del año, darle la bienvenida a Jesucristo, puesto que su encarnación fue el mayor acto de seducción del amor de Dios por el ser humano.

OTRO ÁRBOL
para Dar

Tu amor le enseña a mi alma la excelencia.
El noble proceder de regalar,
si das tu vida con pasión por los perdidos,
si no te importa un trono siendo Dios.

Pondré yo mis regalos bajo el árbol.
Enséñame otro árbol para dar
presentes a los pobres,
a los necesitados.

Que muestre tu pasión al ofrendar.
Me llena el corazón tu vivo ejemplo,
colma mi alma de generosidad,
dame alegría, dame contentamiento.

Con el desnudo, con el hambriento,
deja llenar su árbol a rebosar,
deja curar un poco de sufrimiento.
Dame a mí la grandeza de regalar.

Frank X. Martin.

CAPÍTULO III

JESÚS: el Carpintero

Jesús hace de una rústica madera, un mueble útil y bello. Sus manos tallan, pulen, cortan y ajustan, de manera que lo que ellas tocan, lo transforman.

La madera es el insumo principal que ingresa al taller de carpintería; sin embargo, ella no es nada sin las manos artesanas del hábil carpintero. De la misma manera, el árbol de Navidad, como cualquier otro, no tiene ninguna importancia sin Jesús. Él es el Carpintero Maestro que ha venido a salvar y a transformar nuestras vidas en piezas maestras para su gloria.

— Gema # 10 —

"Quien no tiene la Navidad en su corazón, nunca la encontrará debajo de un árbol".

Roy L. Smith

El árbol de Navidad tiene su función; ésta no es la de ocupar el lugar del divino Artesano. A la luz de los escritos de Elena G. de White, es posible conocer las implicaciones de tener un árbol de Navidad, pero ante todo, cambiar la mirada hacia Jesús, el verdadero motivo de la Navidad.

"Here is the patience of the Saints : Here are they that keep the Commandments of God and the Faith of Jesus." Rev. 14:12

El árbol.

La Sra. White escribió por lo menos siete artículos donde menciona el árbol de Navidad.[1] De esta colección de escritos se desprenden, al menos, seis principios sobre el uso del árbol de Navidad. Estos son:

___ PRINCIPIO # I ___
No es pecado.

El 11 de diciembre de 1879, en el artículo titulado *Los días festivos* [*The Holidays*], en el que por primera vez menciona el árbol de Navidad, ella tenía en mente la preocupación de las deudas de las iglesias. En ese contexto, la Sra. White apuntó: "Agradaría mucho a Dios que cada iglesia tuviese un árbol de Navidad del cual colgasen ofrendas, grandes y pequeñas, para esas casas de culto. Nos han llegado cartas en las cuales se preguntaba: ¿Tendremos un árbol de Navidad? ¿No seremos en tal caso como el mundo? Contestamos: Podéis obrar como lo hace el mundo, si estáis dispuestos a ello, o actuar en forma tan diferente como sea posible de la seguida por el mundo. El elegir un árbol fragante y colocarlo en nuestras iglesias **no entraña pecado**, sino que éste estriba en el motivo que hace obrar y en el uso que se dé a los regalos puestos en el árbol" (Elena G. de White, *Hogar cristiano,* p. 438. Énfasis agregado).

"El árbol puede ser tan alto y sus ramas tan extensas como convenga a la ocasión, con tal que sus ramas estén cargadas con los frutos de oro y plata de vuestra beneficencia y los ofrezcáis a Dios como regalo de Navidad. Sean vuestros donativos santificados por la oración" (Ibid).

Más adelante, en otro artículo titulado "Ya llega la Navidad", del 9 de diciembre de 1884, vuelve a enfatizar que no es pecado tener un árbol de Navidad y que puede usarse para fines nobles y altruistas. La Sra. White declara: "No adopten los padres la conclusión de que un árbol de Navidad puesto en la iglesia para el gozo de los alumnos

---

1 *Review and Herald,* **1 de diciembre**, 1879; *Review and Herald,* **26 de diciembre**, 1882; **Carta 8**. 1883; *The Signs of the Times,* **4 de enero**, 1883; *Review and Herald,* **29 de enero**, 1884; *Review and Herald,* **7 de diciembre**, 1886; *The Signs of the Times,* **8 de diciembre** de 1887.

de la escuela sabática es un pecado, porque **es posible hacer de él una gran bendición**. Dirigid la atención de esos alumnos hacia fines benévolos. En ningún caso debe ser la simple distracción el objeto de esas reuniones. Aunque algunos truequen estas ocasiones en momentos de negligente liviandad y no reciban la impresión divina, para otras mentes y caracteres, dichas ocasiones resultan altamente benéficas" (Elena G. de White, *Review and Herald,* 9 de diciembre, 1884. Énfasis agregado).

Dos árboles de Navidad.

A finales del año 1882, la Sra. White recibió una invitación de parte de la iglesia de Oakland, California, para asistir a una reunión de escuela sabática que se celebraría la noche de Año Nuevo. Al enterarse de esto, Mary White, su nuera, quien vivía en esa misma ciudad, le escribió convidándola a que aceptara quedarse unos días con ellos. Mary le describió lo que estaban planeando para el programa, de la siguiente manera: "Tienen la intención de tener un árbol de Navidad, o más bien un árbol de Año Nuevo, y algunas participaciones por los niños. Les gustaría que usted tenga algunas palabras. Nos gustaría tenerla con nosotros también en Navidad... Querríamos que se quedara todo el tiempo que pueda, después de Año Nuevo" (Arthur L. White, *The Lonely Years: 1876-1891,* Vol. 3, p. 209).

En una carta dirigida a William (el esposo de Mary), quien se encontraba en ese momento en Battle Creek, asistiendo a las reuniones de la Asociación

General; de lo sucedido en Oakland, la Sra. White le describe: "El lunes por la noche tuvimos una excelente reunión. Los bautistas alemanes tenían dos árboles de Navidad bien arreglados para la Navidad. Se los dieron a los adventistas, así que sin mucho gasto se hizo la preparación para que las ofrendas al Señor fueran colocadas sobre el árbol. Las participaciones fueron buenas y apropiadas. Hablé como media hora. Los niños escucharon con interés. El fruto, cuando se recogió, obtuvo la suma total de $172 para la iglesia de Oakland. Todo fue muy placentero; nada objetable en todo el asunto" (Elena G. de White, *Carta 8*, 1883).

PRINCIPIO # 2
El árbol de Navidad es un medio para enseñar a los niños y jóvenes, la bendición de dar.

Podemos cometer el error de pensar que los únicos que pueden dar para la causa de Dios, son los adultos. O pensar que los ricos son los únicos que pueden contribuir para el avance de la obra. Hablando sobre esto, la Sra. White aconseja: "Si nuestros jóvenes se negaran a sí mismos por el bien de la verdad, si estuvieran dispuestos a trabajar duro y economizar, podrían tener un capital con el que pagar sus gastos en la universidad, y así calificarse para una mayor utilidad, y también podrían tener un fondo de reserva para responder a los diferentes llamados de ayuda para las diferentes ramas de nuestra obra" (Elena G. de White, *Review and Herald,* 26 de diciembre, 1882).

— Gema # 11 —

"La Navidad comienza en el corazón de Dios, y sólo está completa, cuando llega al corazón del hombre".

Anónimo.

la causa de Dios... Y tal celebración festiva es una lección útil para nuestros hijos, enseñándoles a otorgar sus dones de una manera que honre a su Redentor" (Elena G. de White, *The Signs of the Times*, 4 de enero, 1883).

___ PRINCIPIO #3 ___
El árbol de Navidad en estos tiempos finales se usa para despertar un espíritu de agradecimiento, y para dar a las misiones.

En este contexto en donde los jóvenes y señoritas buscan maneras creativas para trabajar, generar ganancias y compartirlas, Elena G. de White recomienda que el árbol de Navidad se utilice para que ellos también traigan sus ofrendas y aprendan la bendición de dar para Dios. Ella expresa: "En cada iglesia, por pequeña que sea, se deben hacer esfuerzos especiales para mostrar nuestra gratitud a Dios trayendo nuestras ofrendas para su causa. Los que deseen un árbol de Navidad fructifiquen sus ramas con ofrendas para los necesitados y ofrendas para el tesoro de Dios. Y que los niños aprendan la bendición de dar trayendo sus pequeños regalos para añadirlos a las ofrendas de sus padres" (Ibidem). También añadió: "No veo ninguna objeción en colocar incluso en nuestras iglesias un árbol de Navidad o de Año Nuevo que fructifique en regalos y ofrendas por

Al igual que en otros lugares, la Iglesia Adventista en Europa avanzaba con mucho sacrificio. La iglesia estaba afrontando una emergencia. La obra crecía, pero la necesidad era monumental; no entraban suficientes recursos para cumplir con la misión de alcanzar a todo un continente con la verdad de Cristo. La Sra. White, después de permanecer allí durante un año, y ver con preocupación la necesidad; apela a los hermanos de Estados Unidos a despertar de su estupor y ayudar más generosamente. El 7 de diciembre de 1886 en un artículo titulado "Obreros con Dios", ella apeló: "Muchos de nuestros hermanos americanos de una manera noble y voluntaria han dado para el avance de la verdad en Europa, pero hay un gran trabajo por hacer. Muchos de los que han dado generosamente pudieran hacer más, y aun otros deberían ofrecerse a llevar su parte de la carga. Ahora es el momento en que las casas y las tierras deben convertirse en fondos para las misiones. Los hombres deben ser educados y disciplinados. Nos sentimos alarmados al ver lo poco que se está haciendo, cuando tenemos un mensaje mundial, y el fin de todas las cosas está a la mano" (Elena G. de White, *Review and Herald,* 7 de diciembre, 1886).

Los consejos dados en ese tiempo siguen siendo vigentes para nosotros hoy. Dios siempre ha tenido hijos, que con generosidad dan para su iglesia. Sin embargo, cuando consideramos el sacrificio que Dios hizo por nosotros, concluimos que, por la dimensión de su superioridad, no existe comparación con el nuestro. Es en este contexto que Elena G. de White utiliza el árbol de Navidad como una herramienta creativa para estimular la generosidad en el pueblo de Dios, y enfocarlo en las misiones. Como se aprecia a continuación, cada palabra de su llamado tiene un gran significado:

"La voz de la providencia está llamando a todos los que tienen el amor de Dios en sus corazones, a despertar a esta gran emergencia. Nunca hubo un tiempo en el que tanto estuviese en juego como hoy. Nunca hubo un período en el que se exigiera mayor energía y sacrificio del pueblo de Dios que guarda los mandamientos. Si alguna vez hubo necesidad de economía y abnegación, es ahora. No debe haber extravagancia en la vestimenta, ni gasto inútil para la auto indulgencia o la exhibición. Dediquemos nuestros medios y nuestros trabajos a la causa de Dios, para salvar almas por las cuales Cristo murió" (Ibidem).

"A medida que se acercan los días festivos, les pido que, en lugar de hacer regalos a sus amigos, traigan sus ofrendas a Dios. Demostremos que apreciamos el gran plan de redención. Siendo que Dios nos ha dado a todos el Cielo en el regalo de su amado Hijo, expresemos nuestra gratitud mediante ofrendas de agradecimiento a su causa. Que los árboles fragantes de Navidad rindan una rica cosecha para Dios" (Ibid).

"Les presento ante ustedes nuestras misiones en tierras extranjeras como el objeto de sus regalos. Demostremos que valoramos la preciosa luz de la verdad haciendo un sacrificio para extender la luz a aquellos que están en tinieblas… Que cada iglesia, cada familia, se una a esta obra. Que cada niño participe trayendo alguna ofrenda como resultado de su trabajo y abnegación. El Salvador aceptará las ofrendas voluntarias de cada uno. Los dones que son el fruto de la abnegación para extender la preciosa luz de la verdad, serán como incienso fragante ante Dios" (Ibid).

"Si nos hemos olvidado de la bondad de Dios en el pasado, ahora tenemos una oportunidad preciosa para redimir estas negligencias. En esta próxima Navidad y Año Nuevo, no solo demos una ofrenda de nuestros recursos, sino entreguémonos a él en servicio voluntario. A cada uno de nosotros, desde el mayor hasta el más joven, se nos concede el privilegio de convertirnos en trabajadores junto con Dios. Cristo vendrá pronto en las nubes del cielo para recompensar a cada uno según sus obras. ¿Y a quién, pues, se le dirá: 'Habéis hecho lo que habéis podido?'.

Torre Pellice, Italia" (Ibid).

____ PRINCIPIO #4 ____
El árbol de Navidad se utiliza para recaudar ofrendas, y con ellas ayudar a los más necesitados.

El principio de ayudar a los más necesitados es muy claro en toda la Biblia, como también en los escritos de la Sra. White. La siguiente historia ilustra este principio en el crecimiento de la Iglesia Adventista en Europa.

En la noche del lunes 27 de diciembre de 1886, en Basilea Suiza, la Sra. White asistió a una reunión donde se presentó la historia de la Navidad. Ella dio una charla breve. Arthur White, su nieto, relata lo que sucedió después: "Luego trajeron un fragante pino cargado con donaciones para el Señor. El motivo de esta reunión navideña fue obtener ayuda económica para los colportores que trabajaban en Rusia. Su ministerio era difícil, porque la Iglesia Adventista no había sido reconocida oficialmente. La amenaza de encarcelamiento pendía sobre sus cabezas, y realizaban su trabajo con muchísima dificultad. El árbol de Navidad de Basilea recaudó 429 francos para ayudarlos. ¡Fue una buena cosecha!" (Arthur L. White, *Ellen G. White in Europe*, p. 288).

____ PRINCIPIO #5 ____
El árbol de Navidad se usa para traer regalos a Jesús, con abnegación y alegría.

Los pioneros de la Iglesia Adventista en Estados Unidos, dejaron un legado de abnegación y sacrificio. Y ese mismo espíritu se observó también en Europa. La Sra. White, en una visita a Italia encontró que los colportores en el valle del Piamonte caminaban largas distancias para celebrar reuniones en los establos de la gente. Y al acercarse la Navidad de 1887, ella aprovechó escribir un artículo en la revista *The Signs of the Times*, titulado: "Regalos navideños para Cristo", en donde hizo una apelación a los hermanos de los Estados Unidos para continuar dando con sacrificio y alegría. Ella escribió: "Durante nuestra visita a Italia, dos de los obreros [colportores] caminaron quince millas hasta un servicio vespertino, regresando a pie a la mañana siguiente, para ahorrar la pequeña suma requerida para el pasaje del ferrocarril. De esta manera, en medio de la pobreza y las dificultades, nuestros hermanos del otro lado del mar están tratando de difundir la luz de la verdad. ¿Podemos nosotros a quienes Dios ha confiado medios, que disfrutamos de tantas comodidades e incluso de los lujos de la vida, permanecer al margen y negarnos a prestarles una mano amiga?" (Elena G. de White, *The Signs of the Times,* 8 de diciembre, 1887).

En este contexto, Elena G. de White recomienda el uso del árbol de Navidad, para inspirar un espíritu no solamente de generosidad, sino también de abnegación y sacrificio. Su apelación llega a lo profundo del corazón, a la luz del amor inmensurable de Dios, al darnos todo el cielo en un regalo, Cristo Jesús. Ella, de una manera magistral, lo describe así:

"Que su árbol de Navidad sea dedicado a Dios, y que sus ramas estén cargadas de ofrendas para Cristo. No dé como si fuera una tarea, repartiendo sus donaciones con una mano mezquina. Las buenas obras no son trabajo penoso. Al darnos a su Hijo, Dios nos ha derramado todo el Cielo en un solo regalo. Con un corazón desbordante, con gratitud y alegría por el amor incomparable de Cristo, llevémosle nuestras ofrendas. Enseñad a vuestros hijos con vuestro propio ejemplo la dicha de obrar por Cristo. Entrenadlos para que hagan diligencias de amor por él y, en todos sus regalos, recuerden al Dador bondadoso" (Elena G. de White, *The Signs of the Times,* 8 de diciembre, 1887).

"Muchos todavía ni saben lo que es la abnegación, o lo que es sufrir por causa de la verdad; pero ninguno entrará al Cielo sin un sacrificio. Sin embargo, la abnegación no nos dejará sin alegría; no proyectará una sombra sobre nuestros días festivos. No es lo que tenemos, ni la abundancia de las cosas de esta vida, lo que nos hará felices. Nuestra felicidad depende de la relación que mantenemos con Dios. **Una conciencia aprobada, un espíritu contento, una dulce comunión con Jesús, nos harán los seres más felices del mundo"** (Ibid.

Énfasis agregado).

"Dios marca y recuerda cada acto de liberalidad realizado por su pueblo. Cada esfuerzo que hagamos por Cristo, será recompensado por él. Si los medios confiados a nuestro cuidado son empleados para su gloria, para salvar almas, él pondrá más en nuestras manos. Cada rayo de luz derramado sobre otros se reflejará en nuestros propios corazones. Cada acto realizado, cada regalo otorgado, con la mira solo para la gloria de Dios, resultará en bendiciones para el dador. Ninguna alegría puede igualar la seguridad de ser un instrumento en las manos de Dios para salvar almas" (Ibid).

– Gema # 12 –

"La Navidad es una necesidad. Tiene que haber al menos un día en el año para recordarnos que estamos aquí para algo más que nosotros mismos".

Arnold Eric Sevareid

Este espíritu de abnegación dejó marcada a la Iglesia Adventista de entonces. En los periódicos oficiales de la iglesia quedaron registrados votos y cantidades de ofrendas recogidas en Navidad y Año Nuevo. Se estableció esa cultura de generosidad. El árbol de Navidad fue una de las herramientas usadas para recoger esas ofrendas de gratitud y sacrificio. Aquí algunos ejemplos:

13 de diciembre, 1887.

Minutas de la vigésima sexta reunión anual de la Conferencia General:

"Deseamos hablar más sobre un punto, a saber, los regalos a la obra el día de Navidad, el 25 de diciembre. Este día está reservado con el propósito especial de ayudar a nuestras misiones.

George I. Butler, Presidente de la Conferencia General".

George I. Butler.

Voto #11:

Que esta Conferencia respalde cordialmente la acción del Comité de la Asociación General, al nombrar una semana de oración, seguida de donaciones navideñas para nuestras misiones extranjeras necesitadas, y para la Asociación General.

Review and Herald, 14 de febrero, 1888.

Reporte de ofrenda recolectada en Navidad: $646.01

Revista, Home Missionary [El misionero en casa].

Registra las ofrendas de Navidad de los diferentes campos locales, como resultado de una semana de oración en la Navidad de 1888. La suma total ascendió a: $30,115.55 dólares. (Hoy en día equivale aproximadamente a 900,000 dólares. Ver apéndice #4).

Elena G. de White, Manuscript Releases, No. 3. p. 189.

El hermano L entregó $125.00 en donación con motivo de Navidad.

Elena G. de White, Testimonies to the Church, Vol. 5, p. 643.

Como resultado de una semana de oración en Battle Creek, hubo un reavivamiento espiritual y muchas personas que no habían sido fieles en su mayordomía, trajeron sus diezmos y ofrendas, y al unirlas con las donaciones de Navidad, entraron casi $6,000 dólares a la tesorería de la iglesia. Todas las ofrendas fueron dedicadas a las misiones.

Review and Herald, February 20, 1894.

Reporta que durante los programas de Navidad se recibieron $128.00 dólares.

____ PRINCIPIO #6 ____
El árbol de Navidad como medio para dirigir la vista hacia Dios.

Elena de White advirtió repetidas veces que, en Navidad, la atención ha sido puesta en los mortales, en lugar de fijarla en Dios; en otras palabras, que los seres humanos reciben la adoración y Jesús es olvidado (Elena G. de White, *El hogar cristiano,* p. 437). Satanás trabaja con tesón para que el ser humano ponga a Dios en último lugar, y como es de esperar, también usa la celebración de la Navidad para este fin.

"Miles de dólares se gastan innecesariamente cada año en regalos el uno para el otro. Esos son recursos perdidos para Dios, perdidos para su causa. Complacen la vanidad, alientan el orgullo, crean todo tipo de insatisfacción, murmullos y quejas, porque tal vez los regalos no fueron lo que se deseaba, no del alto valor esperado. La Navidad no se observa como su nombre indica debería ser. El hombre ha abandonado a Dios en casi todo, y ha vuelto la atención al yo... Dios le dio al hombre un tiempo de gracia para que pudiera estar preparado para el cielo. Debía mirar hacia arriba a Dios, quien debía ser la adoración del alma; pero el talento, la habilidad y los poderes inventivos se ejercen para hacer del yo el objeto

— Gema # 13 —

"El gran desafío que nos queda es atravesar todo el brillo y el glamour de la temporada que se ha vuelto cada vez más secular y comercial, y recordar la belleza de Aquel que es la Navidad.".

Bill Crowder

supremo de atención. El hombre ha retirado su mirada de la Deidad, y ha fijado sus ojos en lo finito, en lo terrenal, en lo corruptible" (Elena G. de White, *Review and Herald,* 9 de diciembre, 1884).

"Satanás trabaja para sacar a Dios de la mente e interponer el mundo y el yo, para que la vista no sea única para la gloria de Dios. Satanás cautiva y atrapa la mente... para hacer de Dios el último lugar y el objeto último de devoción" (Ibid).

A pesar del trabajo tan intenso de Satanás, de desviar la mente del verdadero sentido de la ocasión, las iglesias pueden contrarrestar esta influencia, usando el árbol de Navidad para dirigir la vista hacia Dios, mediante dos estrategias:

Colegio de Healdsburg

Primera, llenándolo de frutos de gratitud, amor y fe. Elena G. de White lo explica en los siguientes términos: "Cada árbol en el jardín de Satanás cuelga cargado con los frutos de la vanidad, el orgullo, la importancia propia, el deseo maligno, la extravagancia, todos frutos venenosos, pero muy gratificantes para el corazón carnal. Que las iglesias presenten a Dios árboles de Navidad, y luego que cuelguen sobre ellos los frutos de beneficencia y gratitud, ofrendas de corazones y manos dispuestas, frutos que Dios aceptará como expresión de nuestra fe y de nuestro gran amor hacia él por el regalo de su Hijo, Jesucristo. Que el árbol de Navidad esté cargado de fruta, rica, pura y santa, agradable a Dios. **¿No tendremos una Navidad que el cielo pueda aprobar?"** (Ibid. Énfasis agregado).

Segunda, usar el árbol de Navidad para que los regalos de amor que compartimos, los traigamos en ofrenda especial a Jesús y los usemos para salvar a otras almas de las tinieblas del pecado.

"Ahora dirijamos la corriente hacia el cielo en lugar de hacia la tierra. Demostremos con nuestras ofrendas que apreciamos la abnegación y el sacrificio de Cristo por nosotros" (Elena G. de White, *Review and Herald*, 9 de diciembre, 1884).

"Dejen que los regalos que normalmente se han otorgado unos a otros sean colocados en el tesoro del Señor... En cada iglesia, dejen que sus ofrendas más pequeñas sean colocadas sobre su árbol de Navidad. Dejemos que el precioso emblema, 'siempreverde' [palabra en inglés para referirse al árbol de Navidad], sugiera la obra santa de Dios y su beneficencia para nosotros; y la obra amorosa del corazón será salvar a otras almas que están en tinieblas" (Ibid).

PROGRAMAS Y ADORNOS DE NAVIDAD.

Las ofrendas de Navidad y año nuevo generalmente iban acompañadas con programas para los niños. Enseguida se nombran algunas de estas reuniones.

Adornos en un colegio adventista.

En 1882, la Iglesia Adventista compró una propiedad, quince millas al norte de Santa Rosa, California, en los viñedos de un pequeño pueblo llamado Healdsburg. Allí se estableció una academia con dos maestros y veintiséis alumnos. Unos meses después de establecida, se le puso el nombre de colegio de Healdsburg, donde vivió por un tiempo la Sra. White. Finalmente, esta propiedad se vendió y se compró otra en el pueblo cercano de Angwin, donde se encuentra en la actualidad el Pacific Union College [Colegio Unión del Pacífico]. Consultado el 10 de diciembre, 2021, de: https://www.puc.edu/about-puc/history.

Después de un largo viaje por el este de Estados Unidos, la hermana White llegó a su casa justo a tiempo para pasar el año nuevo en Healdsburg. El salón de reuniones del colegio había sido arreglado para una reunión de escuela sabática. Ella describió la decoración que encontró, de la siguiente manera:

"Guirnaldas de ciprés, hojas de otoño, follaje, flores, todo estaba gustosamente arreglado. Una gran campana hecha de follaje verde colgaba del arco de la puerta a la entrada del sa-

lón. El árbol estaba lleno de donaciones, las cuales se usarían para ayudar a los pobres y para comprar una campana. Con algunas excepciones, los nombres de los donantes no se mencionaban, pero textos oportunos de la Biblia y algunas citas apropiadas se leían al bajar los regalos del árbol. En esta ocasión, nada fue dicho que molestase la conciencia de alguien. Algunos me han dicho: 'Hermana White, ¿Qué piensa usted de esto? ¿Va esto de acuerdo con nuestra fe?' Yo les he contestado: Sí, va con mi fe" (Elena G. de White, *Review and Herald,* January 29, 1884. Art. B; Arthur L. White, *The Lonely Years* 1876-1891, pp. 240-241).

Como resultado de este programa, el colegio recogió una ofrenda de 138.00 dólares. "De esta manera se abrió el año nuevo, con ofrendas al Dador de todas nuestras misericordias y bendiciones" (Ibid).

— Gema # 14 —

"Nunca podrás disfrutar verdaderamente de la Navidad hasta que puedas mirar al rostro del Padre y decirle que has recibido Su regalo de Navidad".

John R. Rice

"Here is the patience of the Saints : Here are they that keep the Commandments of God and the Faith of Jesus."   Rev. 14 : 12

Programa de Navidad para niños en Europa.

El 25 de diciembre de 1886, aunque el día había sido muy ocupado con la inauguración del primer templo adventista en Tramelan, Suiza, esa noche los hermanos consideraron tener un corto programa de Navidad para los niños de la Escuela Sabática, en donde estos participaron recitando porciones de la Biblia (Elena G. de White, *Manuscript Releases*, No. 3, p. 229).

Programas de Navidad para todas las iglesias.

El 17 de diciembre de 1889, O. A. Olsen, el entonces presidente de la Asociación General, escribió un artículo en la Review and Herald, titulado "Las ofrendas de Navidad". Él comentó en dicho artículo:

"Hemos impreso un número extra de *Home Missionary* [*El misionero en casa*] para el mes de diciembre, que contiene lecturas para cada día de la semana de oración; también un tema para el programa de Navidad. Estos han sido enviados a todas nuestras igle-

sias. Nuestro deseo es que estos artículos y la lección relacionada con ellos, puedan ser una ayuda para nuestros hermanos de tal manera que tengan una semana de oración instructiva, y sea un momento de reavivamiento espiritual para todos. En cada iglesia se harán arreglos para las contribuciones de Navidad. Todas nuestras donaciones de Navidad van a las misiones extranjeras. Invitamos a todos nuestros hermanos y amigos dispersos, a recordar las misiones en sus liberalidades navideñas.

O. A. Olsen, Presidente de la Asociación General" (*Review and Herald*, 17 de diciembre, 1889).

Programas de Navidad dramatizados.

La escuela sabática de la iglesia de Battle Creek organizó un programa de Navidad dramatizado, asumimos, el sábado 22 de diciembre de 1888. En este participó Ella May, la nietecita de seis años de Elena G. de White, actuando y vestida como un angelito. El miércoles 26 de diciembre de 1888, la Sra. White escribió algunos comentarios acerca del programa. La importancia de sus palabras radica en que ella no condenó un programa en el que había dramatización, sin embargo, fue más allá al expresar cómo podría haber sido más efectivo. Su consejo sigue siendo válido hoy, en la presentación de programas navideños. Ella observó que, si seguido a la dramatización se hubiese hecho un llamado corto, al punto, y enfocado en cómo dar la mejor ofrenda aceptable a Jesús, es decir, el regalo de nuestros propios corazones, el programa hubiera resultado más impactante. Su pluma lo delineó así: "Me he levantado a las tres de la mañana para escribir... Me agradó el faro. Y la escena que había requerido tanto esfuerzo minucioso, era una que podría haberse hecho más impresionante, pero fracasó en ser tan contundente y sorprendente, como podría haber sido, cuando costó tanto tiempo y trabajo prepararla. El papel de los niños fue bueno. La lectura fue apropiada. Entonces, si en esa ocasión hubiera habido un discurso bueno y sólido con respecto a los niños y maestros en las escuelas sabáticas, que trabajaban arduamente por la salvación de las almas de los niños bajo su cargo, presentando la ofrenda más aceptable a Jesús, el regalo de sus propios corazones, y comentarios impresionantes, breves y directos, sobre cómo podrían hacer esto, ¿no habría estado en consonancia con la obra que hemos estado tratando de hacer en la iglesia?" (Elena G. de White, *Manuscript Releases*, No. 19, p. 300).

Programas de Navidad en Inglaterra.

F.M. Wilcox, un contribuyente de la *Review and Herald*, quien más adelante llegó a ser su editor, escribió un artículo reportando sobre la obra en Europa. En referencia a las iglesias en Inglaterra, claramente se observa que los programas de Navidad formaban parte de la programación anual y regular, también en esa parte del mundo adventista.

"Nuestra iglesia en Hamburgo cuenta ahora con más de cien miembros. Las escuelas sabáticas se llevan a cabo en dos lugares diferentes de la ciudad, y las reuniones de oración se llevan a cabo en cuatro lugares distintos. Todos los obreros son valientes, y el hermano Conradi tiene grandes esperanzas en el futuro de la causa. En una comunicación reciente, dijo: 'Anoche tuvimos nuestros programas de Navidad. Muchas visitas estaban presentes, y nuestro lugar estaba lleno. Seguramente el próximo año necesitaremos una capilla más grande. Hasta ahora, nuestras colectas ascienden a $128, y se esperan más. Las lecturas produjeron mucho bien entre nuestros hermanos y hermanas, y todos parecían tener un profundo interés en la semana de oración' "(*Review and Herald*, 20 de febrero, 1894).

Hace unos dos mil años atrás, Dios descendió y se hizo humano, un humano artesano. Vivió sin sed de fama, sin ínfulas de santidad. Su vida fue tan sencilla como la pieza de madera en el que trabajó en su taller de carpintería

Jesús no siempre fue un carpintero. Muchos años antes de su nacimiento, cuando sus manos no recogían aserrín, ni lijaban, ni lustraban muebles, era el exaltado Arquitecto de los astros, el diseñador de galaxias y horizontes. Ahora, arrobados de asombro, los ángeles lo observan entre los nazaretanos, que apenas se firma como Hijo del carpintero.

En un pesebre, en un establo de Belén nació el creador del Sol, despojado de su gloria, pero no de su divinidad. Es a este Jesús a quien los ángeles le celebraron su nacimiento en Belén. ¿Habrá alguien aquí deseoso de agradecerle por haber descendido tan bajo, con tal de elevarnos a lo más alto y salvarnos?

MI
Ofrenda

Maestro bueno...
Quisiera conocer tu reino eterno,
respirar tu amor puro y sereno,
y al dejar este egoísmo que me estorba,
ayúdame a ofrendar lo que yo tengo.

Que aprenda como un niño a dar lo
bueno, y a los necesitados,
dar la mano con amor.
A tus misiones mis regalos,
con toda libertad te los entrego.

La ofrenda de amor que tú me inspiras,
me exige devolverte lo que es tuyo.
Guíame a caminar en tus sandalias,
y juntos al andar, llegar al cielo.

Frank X. Martin.

CAPÍTULO IV

JESÚS: la Ofrenda

Jesús nació en un pesebre. Un resplandor iluminó su rostro y la divinidad se asomó a sus ojos recién abiertos. La virgen María lo contempló y besó su frente. En unos brazos adolescentes descansaba "el Deseado de todas las gentes" (Hageo 2:7). En su Hijo, Dios se entregó a sí mismo para salvar a todos. Por tal motivo, **los cristianos ofrendamos en gratitud a Dios porque su Hijo se ofrendó primero por todos nosotros.**

– Gema # 15 –

"[Dios] nos ha dado todo el cielo en el regalo más rico, Jesucristo." .

EGW. Carta 98, 1893

Si hay algo que Elena G. de White enfatiza hacer en Navidad, es ofrendar. A través de todo su ministerio aparece un marcado énfasis en entregar ofrendas voluntarias, especialmente en Navidad. Tanto que, como ya se mencionó en el capítulo 3 de este libro, se estableció un hábito de generosidad en todas las congregaciones en la época de Navidad. En el libro *Manuscripts and Memories of Minneapolis* [*Manuscritos y Minutas de Minneápolis*] se registró cómo los líderes de la iglesia dialogaban sobre los mejores métodos para sacar a las misiones de deudas y ponerlas en una base financiera sólida. Ellos testificaron que, "en años pasados, este trabajo se ha mantenido gracias a las donaciones hechas en Navidad. Es costumbre celebrar una semana de oración general el

"Here is the patience of the Saints : Here are they that keep the commandments of God and the Faith of Jesus."   Rev. 14:12.

último día de Navidad, y en este día se hacen las donaciones para el año" (p. 582), "Sabbath Disclosures", St. Paul Pioneer Press, October 22, 1888, p. 6.

Este capítulo presenta siete principios que Elena G. de White enseñó en relación con la ofrenda de Navidad.

PRINCIPIO #1

Incluir a los niños en la experiencia de dar.

Hablando sobre las ofrendas de Navidad y año nuevo, ella escribe: "¿No presentaremos nuestras ofrendas a Dios durante estos próximos días festivos? Incluso los niños pueden participar en este trabajo... El Salvador aceptará las ofrendas voluntarias de todos, desde el mayor hasta el más joven" (Elena G. de White, *Review and Herald*, 21 de noviembre, 1878). Si dirigimos el corazón sensible de los niños a la generosidad, ellos nos enseñarán lecciones grandes de lo que Dios puede hacer con sus ofrendas. En un artículo titulado "¿Qué le daremos al Señor?". Elena G. de White escribió:

"Cristo se alegrará de ver que los niños y los jóvenes, a quienes él ama, también lo aman a él, y aceptará sus dones y ofrendas para ser usados en su causa. De la abnegación y sacrificio de los niños y jóvenes, muchos pequeños riachuelos pueden fluir al tesoro del Señor, y misioneros pueden ser enviados a través de sus dones para traer luz a los paganos que se inclinan ante dioses de madera y piedra. Con los dones de los niños también pueden ser bendecidos los misioneros locales, los pobres que sufren y los necesitados. Cristo identifica su interés con el de sus hijos. Él dice: 'en cuanto lo hicisteis a uno de estos mis hermanos más pequeños, a mí me lo hicisteis' " (Elena G. de White, *Bible Echo and The Signs of the Times,* 15 de diciembre, 1892).

PRINCIPIO #2

Usemos las ofrendas de Navidad para eliminar deudas en las instituciones adventistas.

Elena G. de White hace un llamado a las personas pudientes a ser generosas durante los días festivos y de esa manera aliviar la carga de deudas que en ese momento estaban afrontando varias instituciones adventistas. Ella escribió: "Que los hombres de medios hagan una ofrenda de libre albedrío a Dios con regalos generosos para nuestras editoriales y otras instituciones. Estos importantes instrumentos en la causa de Dios están muy agobiados y gravemente paralizados en su trabajo por falta de fondos. Todavía hay deudas en algunas de nuestras casas de culto. Si este año nos negáramos a nosotros mismos, y con nuestras ofrendas los liberáramos de nuestras deudas, ¿no sería agradable a nuestro Padre celestial? (Elena G. de White, *Review and Herald,* 26 de diciembre, 1882). En el artículo, "Los días festivos", la Sra. White termina haciendo un llamado a usar las ofrendas para eliminar las deudas de las iglesias: "...y que el fruto de este árbol consagrado se aplique para eliminar las deudas de nuestras casas de adoración en Battle Creek, Michigan, y Oakland, California. Al buen entendedor pocas palabras bastan" (Elena G. de White, *Review and Herald,* 11 de diciembre, 1879).

PRINCIPIO #3
Usemos los recursos que tenemos para ayudar en Navidad a los necesitados.

La primera vez que Elena G. de White menciona la palabra Navidad, aparece en un artículo titulado, *Los regalos en días festivos*; allí ella enfatiza la importancia de ayudar a las viudas y a los huérfanos en Navidad de la siguiente manera: "Los corazones de las viudas y los huérfanos pueden ser alegrados por los regalos que alimenten su comodidad y satisfagan su hambre" (Elena G. de White, *Mensajes para los jóvenes*, p. 221).

En una carta escrita a su hijo Willie, desde Basilea, Suiza, la Sra. White describe lo que hicieron en la iglesia para los días festivos de Navidad y Año nuevo: "La iglesia de Basilea, ustedes saben, es pobre, pero se leyeron las selecciones traducidas al francés [generalmente se leían porciones de la Biblia], y en unos momentos los sobres, que se prepararon antes, contenían promesas de ciento cuarenta dólares como donación de Año Nuevo para la compra de carpas, también siete dólares para una hermana enferma que no tenía a nadie a quien acudir en busca de ayuda, y se suscribieron para ciento treinta y cinco copias de *Les Signes* [La revista *Las señales de los tiempos* en idioma Francés]" (Elena G. de White, *Carta 72a*, 1886).

La siguiente historia nos demuestra el espíritu de ayuda y unidad que existía entre los hermanos de iglesia en época de Navidad.

Refugio para una familia en necesidad.

En una carta escrita desde Denison, Texas, a su familia y amigos cercanos en Battle Creek, Elena G. de White describió lo que hicieron en la Navidad de 1878.

Hacía un frío intenso. El 24 de diciembre, yendo al centro de la ciudad des-

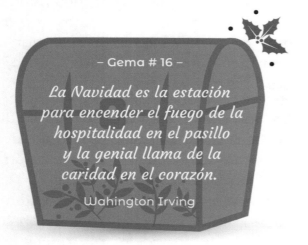

cubrieron que la familia de un hermano de apellido Moore, estaba viviendo en una tienda de campaña y pasando frío. Inmediatamente los trasladaron a una antigua casa de una hermana de apellido Bahler, que aunque era una casa muy abierta, estaba mucho mejor que la tienda de campaña. Compartieron su ropa de cama con ellos para que no pasasen frío. Ella describe lo que sucedió después: "Luego fuimos a la ciudad y compramos para ellos harina blanca e integral; azúcar y un hueso de carne. No encontramos mantequilla. Compramos con $10 ropa para que se sintieran cómodos y los muebles necesarios para que estuviesen bien. Les contaré todo lo que desayunaron: algunas gemas de maíz y un poco de sebo de res. No tenían silla. Había una cama de paja con una cubierta sobre ella. Los niños tenían una alfombra vieja y una manta debajo de ellos. La hermana Moore no tenía zapatos, ni ropa cómoda. No tenía pantalones que le quedaran bien (Elena G. de White, *Ma-*

nuscript Releases, No. 14, p. 318).

"La mañana de Navidad desayunamos todos juntos: James Cornell, y sus dos hijas, Florence y Clara; el hermano y la hermana Moore, y sus tres hijos; las hermanas Bahler y Etta, una niña que vivía con ellos, y la hermana Daniells, nuestra cocinera, papá y yo. Comimos una pierna de venado cocido con relleno. Era tan tierna como un pollo. Todos la disfrutamos mucho. Hay mucha carne de venado en el mercado" (Ibid).

Esto sucedió unos seis años antes de que la Sra. White decidiera abstenerse del consumo de carne en ocasión del campamento de Melbourne, Australia, 1894.[1]

—— PRINCIPIO #4 ——

Demos para la causa más elevada, demos para la obra de Dios.

Una y otra vez, Elena White enfatiza la gran oportunidad que tenemos en Navidad de mostrar gratitud al dar para la causa de Dios; ella dice: "Si todos los medios que se gastarán en estos días festivos o que se invertirán innecesariamente para satisfacer el deseo no santificado, se trajeran como ofrenda de gratitud a Dios... ¡cuánta cantidad fluiría a la tesorería!" (Elena G. de White, *Review and Herald,* 26 de diciembre, 1882). Ella añade: "Ustedes

---

1 Para más información sobre Elena G. de White y su práctica del vegetarianismo, ver https://revista.adventista.es/wp-content/uploads/sites/2/2018/04/ELENA-G.-DE-WHITE-Y-EL-VEGETARIANISMO.pdf Para acceder al artículo original en inglés: https://whiteestate.org/legacy/issues-vegetarian-html/

que tienen medios, que han tenido la costumbre de hacer donaciones a sus familiares y amigos hasta que no saben qué inventar que sea nuevo e interesante para ellos, busquen poner a prueba su ingenio, así como su influencia, para ver cuántos medios pueden reunir para hacer avanzar la obra del Señor" (Ibid.)

¿Por qué es tan importante dar para la causa de Dios?

La realidad es que "Dios no depende de los hombres para el avance de su causa... pero a fin de cultivar un espíritu de benevolencia en nosotros, ha elegido emplear al hombre para hacer esta obra" (Elena G. de White, *Review and Herald,* 7 de diciembre, 1886). En su amor, Dios nos ha dejado la oportunidad de practicar la generosidad porque "todos los buenos dones de Dios al hombre le resultarán sólo en maldición, a menos que los emplee para bendecir a sus semejantes y para el avance de la causa de Dios en la tierra" (Ibid).

"Que se registre en los libros celestiales una Navidad como nunca antes se ha visto, debido a las donaciones que se darán para el sostenimiento de la obra de Dios y la edificación de su reino" (Elena G. de White, *Review and Herald,* 9 de diciembre, 1884).

____ PRINCIPIO #5 ____
Debemos dar por principio, no por emoción o simpatía.

Con frecuencia somos apelados a decidir por emoción. La música en el supermercado, los colores brillantes y atractivos de los productos, los anuncios constantes de cada página de internet... todo está enfocado a un consumismo por impulso o emoción. Esto nos ha predispuesto a dar a Dios, también de la misma manera. Hay un camino más excelente en la generosidad dirigida por Dios. Elena G. de White nos advierte en cuanto a seguir por ese camino y nos presenta el principio que motivó a Jesús: la abnegación y sacrificio. Leamos: "El egoísmo es el más fuerte y el más generalizado de los impulsos humanos... por lo tanto, en nuestras labores y dones para la causa de Dios, no es seguro ser controlado por sentimientos o impulsos. Dar o trabajar cuando nuestras simpatías se conmueven, y retener nuestros dones o servicio cuando las emociones no se agitan, es un curso imprudente y peligroso. Si estamos controlados por un impulso o por una mera simpatía humana, bastarán unos pocos casos en los que nuestros esfuerzos por los demás se paguen con ingratitud, o en los que se abuse o derroche de nuestros dones, para congelar los manantiales de la beneficencia" (Elena G. de White, *Review and Herald,* 7 de diciembre, 1886).

"Los cristianos deben actuar de acuerdo con principios fijos, siguiendo el ejemplo de abnegación y sacrificio del Salvador. ¿Qué pasaría si Cristo hubiera dejado su obra, cansándose a causa de la ingratitud y el abuso que afrontó tantas veces? ¿O si hubiera regresado al cielo desanimado por su recepción? Estamos cosechando los frutos del infinito sacrificio de sí mismo; y, sin embargo, cuando hay que trabajar, cuando se necesita nuestra ayuda en la obra del Redentor en la salvación de las almas, nos apartamos del deber y oramos para ser excusados. La pereza innoble, la indiferencia descuidada y el egoísmo malvado sellan nuestros sentidos a las afirmaciones de Dios" (Ibid).

Ella concluye su llamado así: "En esta próxima Navidad y Año Nuevo, no solo demos una ofrenda a él de nuestros recursos, sino entreguémonos nosotros mismos en un servicio dispuesto para él" (Ibid).

– Gema # 17 –

"En esta Navidad cuando Cristo venga, ¿encontrará un corazón cálido? Marca la temporada de Adviento amando y sirviendo a los demás con el amor y la preocupación de Dios".

Madre Teresa

PRINCIPIO #6

Dar para las misiones extranjeras.

Los dos años que Elena G. de White vivió en Europa (1885-1887) le dieron la oportunidad de vivir las necesidades de las misiones extranjeras. En el transcurso del primer año de su llegada, se estaba construyendo una imprenta en Suiza, y la necesidad de ayuda financiera era imperante. Una y otra vez apeló a los hermanos de Estados Unidos a dar generosamente para apoyar la obra naciente en el extranjero. Ella describió con estos términos, el siguiente llamado: "Ahora parece imposible suplir esta gran necesidad por falta de medios. El trabajo misionero debe seguir adelante. Ahora, hermanos, hagamos un esfuerzo especial en Navidad para presentarnos ante el Señor con regalos y ofrendas de agradecimiento por el don de Jesucristo como Redentor del mundo. Que ahora nada se gaste innecesariamente; pero que cada centavo que se pueda ahorrar se entregue a los intercambiadores. Satanás se ha salido con la suya para manejar estas ocasiones a su gusto. Ahora volvamos la corriente hacia el cielo en lugar de hacia la tierra. Demostremos con nuestras ofrendas que apreciamos la abnegación y el sacrificio de Cristo en nuestro favor. Que todos los hijos y padres se acuerden de Dios; y que las ofrendas, tanto pequeñas como grandes, sean traídas a su alfolí" (Elena G. de White, *Review and Herald,* 9 de diciembre, 1884). En el libro *El ministerio pastoral* se extiende un llamado a que ahorremos cada centavo para ayudar a llevar el mensaje a tierras lejanas. Dice así: "Cada dólar y cada moneda que podamos ahorrar se necesita ahora para ayudar a llevar el mensaje de la verdad a otras tierras. En la época de la **Navidad** mucha de nuestra propia gente gasta mucho en regalos y gratificaciones, las cuales no son solamente inútiles, sino a menudo dañinos. La glotonería, el orgullo y el amor propio son fomentados, y Cristo es olvidado. Si el dinero usado comúnmente para estos fines fuese traído a la tesorería de las misiones, nuestras misiones extranjeras serían elevadas por encima de los apuros económicos. ¿Consagraremos a Dios este año no solamente una parte sino todos nuestros regalos de **Navidad** para socorrer su causa, la cual está tan necesitada? ¿Cómo podemos celebrar más adecuadamente la próxima **Navidad**, cómo podemos expresar mejor nuestra gratitud a Dios por el don de su querido Hijo, que mediante ofrendas para enviar a todo el mundo las buenas nuevas de su pronto regreso? (Elena G. de White, *El ministerio pastoral,* p. 297. Énfasis agregado).

___ PRINCIPIO #7 ___
Seamos nosotros mismos un ejemplo de abnegación y dadivosidad.

No deseo un regalo en Navidad.

En una ocasión, ante la gran necesidad de las misiones, Elena G. de White usó el ejemplo bíblico de la iglesia en Macedonia haciendo un llamado a la congregación para entregar ofrendas a Dios, en vez de darse regalos en esa Navidad. Refiriéndose al ejemplo macedonio, ella dijo: "Estaban dispuestos a privarse de bienes y de dinero para aliviar a los santos que sufrían en la iglesia de Jerusalén (Elena G. de White, *Manuscript 101*, 1906). Luego hizo la siguiente apelación a toda la hermandad: "¿Los miembros de la Iglesia Adventista del Séptimo Día en cada localidad, se consagrarán primero al Señor y harán todo lo posible, de acuerdo con sus circunstancias, para ayudar en la obra del Señor mediante dones y ofrendas?". En este contexto y queriendo dar un ejemplo, ella misma pidió específicamente que no deseaba en esa Navidad recibir un regalo, "a menos que sea con el permiso de transferirlo a la tesorería del Señor, para ser asignado al establecimiento de las misiones" (Elena G. de White, *El hogar cristiano*, p. 431).

En reiteradas ocasiones, al hacer llamados a dar con liberalidad, Elena G. de White ponía a Cristo como el máximo ejemplo de dadivosidad, como se lee a continuación: "Quiero decirles, mis queridos amigos, que al hacer el mayor esfuerzo de dar un regalo de manera proporcional a su capacidad de dar, Dios aceptará su ofrenda. Recordad la ofrenda que Cristo hizo —la ofrenda de sí mismo a una vida de sufrimiento, humillación y vergüenza para salvar a un mundo que perecía en el pecado. Si no se hubiera hecho esta ofrenda, habríamos perecido. Como vemos en la abnegación y el sacrificio de Cristo, los sacrificios que estamos llamados a hacer se hunden en la insignifican-

– Gema # 18 –

"Bienaventurada sea la fecha que une a todo el mundo en una conspiración de amor".

Hamilton Wright Mabi

cia. ¿Cuánto le debes a Aquel que dio su vida por ti?" (*Manuscript 73,* 1900) Su convicción era que "la ofrenda más dulce y aceptable a los ojos de Dios es la de un corazón humillado por la abnegación, al levantar la cruz y seguir a Jesús" (Elena G. de White, *Review and Herald,* 14 de noviembre, 1899).

Préstamo de EGW en beneficio para una escuela.

La obra en Australia crecía, a pesar de no haber medios financieros para costearla adecuadamente. En el afán de construir la primera escuela en ese campo misionero, Elena G. de White pidió un préstamo a la Familia Wessels, personas pudientes de aquel lugar. Ella lo describió así: "El 1 de octubre de 1896, nos reunimos en los terrenos de la escuela para colocar la piedra angular de nuestro primer edificio escolar. Unos días antes había llegado un giro de mil libras, y pudimos caminar por vista. El Señor ha conmovido los corazones de la hermana Wessels y de sus hijos para conceder mi solicitud de un préstamo

de mil libras al cuatro y medio por ciento de interés" (Elena G. de White, *Manuscript 55,* 1896).

Hay registro que ella pidió más dinero prestado antes y después de esta fecha, para tratar de construir varios edificios en la escuela (Elena G. de White, *Car- ta 85, 1898; Carta 154, 1896; Carta 98A,* 1897). Ella pedía prestado, y en el afán que la obra avanzara, prácticamente se convirtió en el banco de donde la iglesia sacó recursos para seguir adelante. La obra en Australia avanzó, en parte gracias a su visión de liberalidad, creatividad y sacrificio.

Ejemplo de generosidad de una familia recién convertida.

La iglesia en Stanmore, Sydney, New South Wales, Australia, no contaba con un edificio de iglesia. Los terrenos estaban a precios muy altos, y aún no encontraban alguno para comprar. Sin embargo, por fe, los hermanos comenzaron a recolectar para ese proyecto. Dios en su omnisciencia y misericordia, envió a un nuevo converso para apoyarles.

Los esposos Haskell ganaron a una familia de medios financieros sobresalientes. Aunque existía la posibilidad de que el padre de familia perdiera su trabajo por guardar el sábado, estuvieron dispuestos a caminar por fe. Este hombre ocupaba un puesto como abogado de una tienda mayorista de comestibles.

Cuando este hermano se enteró de los

planes de construcción de una iglesia, se interesó mucho en el proyecto. Después de preguntar a los hermanos sobre cómo iban las cosas, y al recibir más información, metió la mano en el bolsillo, sacó cuatro libras y se las dio. Además, les dijo que sus hijos habían acordado ahorrar todo su dinero y donarlo para la iglesia en lugar de gastarlo en muñecas y dulces para Navidad. Para entonces, ya casi tenían ahorrado una libra. También su esposa participó. Ella iba a comprar un vestido nuevo para Navidad, pero decidió que no lo compraría, sino que agregaría esa cantidad a la colecta (Elena G. de White, *Carta 92a,* 1897).

Lo que una ofrenda de Navidad puede inspirar.

Elena G. de White, al vivir en Australia, sintió una gran carga por el avance de la iglesia allí. Invirtió lo máximo que pudo para dejar una obra bien establecida, antes de regresar a Estados Unidos. En nueve años ayudó a construir las Iglesias de Parramatta, Prospect, Napier, Ormondville, y Gisborne. También invirtió en enviar estudiantes a Estados Unidos para prepararse mejor y regresar a Australia en el futuro (Elena G. de White, *Carta 98a,* 1897). Sin embargo, su aportación a Australia sería todavía más grande. Dos años antes de su regreso a California hizo una apelación a todas las Iglesias e instituciones de Estados Unidos para ayudar a construir un hospital en Australia. Su carta decía lo siguiente: "Hago un llamado a nuestras iglesias en Estados Unidos para que nos ayu-

den. Necesitamos en gran medida un sanatorio u hospital erigido en los terrenos de la escuela. No tenemos un lugar donde podamos llevar a los enfermos, excepto a nuestra propia casa, y todas las habitaciones están completamente ocupadas. Tenemos una pequeña sala para recibir a las personas que llaman, y esa es la única habitación libre que tenemos. De cerca y de lejos, la señorita Sara McEnterfer es llamada a recetar a los enfermos. Ella ha tenido un gran éxito en este trabajo. Hemos hecho todo lo que pudimos para aliviar a la humanidad que sufre, y sin embargo, hay mucho por hacer, y no tenemos un lugar donde podamos tratar a los enfermos" (Elena G. de White, *Carta 73,* 1898).

Sanatorio de Sydney, 1903

"He llegado al punto en que pido a nuestras iglesias en Estados Unidos que cada miembro de una moneda de diez centavos a dos chelines de una ofrenda de Navidad o Año Nuevo. ¿Nos ayudarán? A menos que se ideen

Imagen gráfica del Hospital Adventista de Sydney

algunos de esos medios, no vemos manera de construir nuestro sanatorio" (Ibid).

Un año después volvió a apelar a las iglesias de Estados Unidos. Esta vez su llamado fue más contundente y directo. Se percibe la urgencia y seriedad de su preocupación: "El Señor me ha dado luz para que las instituciones en América, que ahora están tan profusamente dotadas de instalaciones, dejen de añadir edificio tras edificio y ayuden a establecer la obra en Australasia. Se debe hacer una planta aquí antes de que se invierta dinero en edificios adicionales en Estados Unidos. Debe construirse un sanatorio en algún lugar de Nueva Gales del Sur y otro en la gran ciudad de Melbourne. Cuesta el doble construir aquí que en Estados Unidos, pero debemos construir, y de una vez; y pedimos contribuciones de nuestra gente en América" (Elena G. de White,

Review and Herald, 14 de noviembre, 1899).

La enciclopedia adventista registra que cuatro años después, la Iglesia Adventista, "inspirada por la fe cristiana a demostrar y compartir la misión de curación de Cristo, abrió un pequeño centro de atención médica con 70 camas para la comunidad". A este sanatorio se le conoció como "Sanatorio de Sydney, un hogar de salud y un lugar donde la gente aprendía a mantenerse saludable. Muchos años después (1973) cambió de nombre a Sydney Adventist Hospital. A la fecha, todavía se le conoce cariñosamente como 'el San' " (consultado en octubre, 2021, de: https://encyclopedia. adventist.org/article?id=D85W&highlight=Sydney|adventist|hospital).

La enciclopedia adventista indica que en la actualidad, el Hospital Adventista de Sydney es el hospital privado sin fines de lucro más grande de Nueva Gales del Sur. Se le identifica como "el hospital australiano emblemático" entre más de 600 hospitales, centros de cuidado de ancianos y de salud en todo el mundo, operados por la Iglesia Adventista del Séptimo Día (consultado en octubre, 2021, de: https://www.sah.org.au/our-mission).

"El ejemplo de abnegación y sacrificio de Cristo, de dejar el cielo y sus honores para venir a darse a sí mismo y vivir una vida de sufrimiento, humillación y vergüenza para salvar a un mundo perdido, sigue inspirando a hombres y mujeres a dar con sacrificio para que el reino de Dios siga avanzando. Continuemos haciéndonos la pregunta: ¿Cuánto le debo a Aquel que dio su vida por mí?" (Elena G. de White, *Manuscript 73*, 1900).

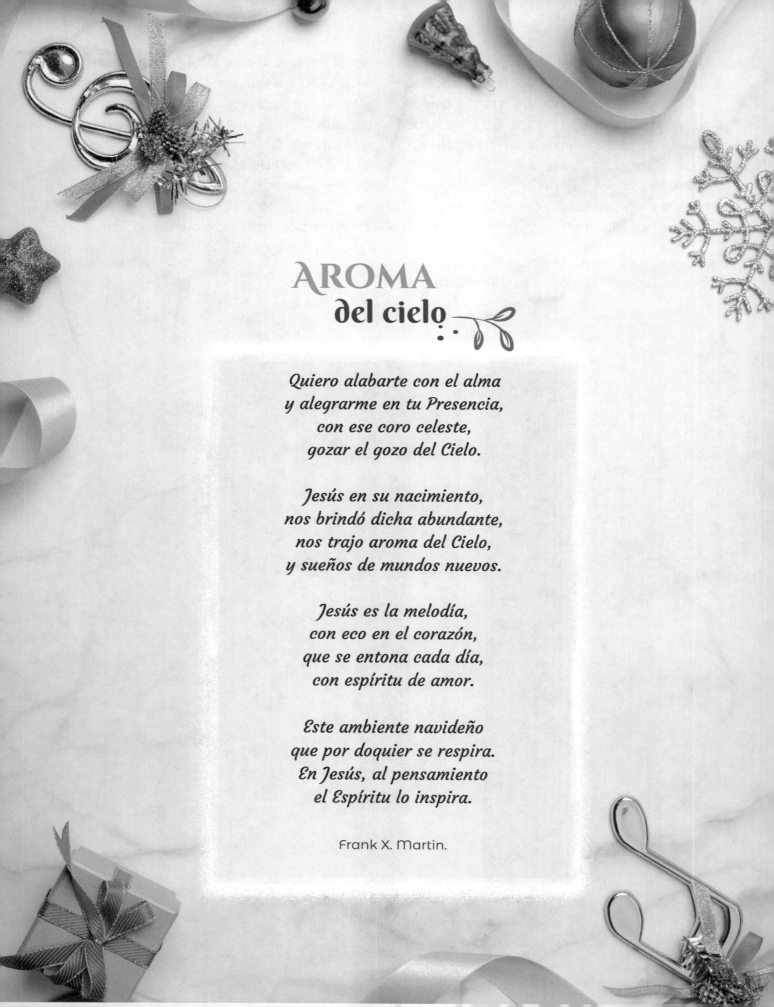

AROMA
del cielo

Quiero alabarte con el alma
y alegrarme en tu Presencia,
con ese coro celeste,
gozar el gozo del Cielo.

Jesús en su nacimiento,
nos brindó dicha abundante,
nos trajo aroma del Cielo,
y sueños de mundos nuevos.

Jesús es la melodía,
con eco en el corazón,
que se entona cada día,
con espíritu de amor.

Este ambiente navideño
que por doquier se respira.
En Jesús, al pensamiento
el Espíritu lo inspira.

Frank X. Martin.

CAPÍTULO V

JESÚS: el Gozo

— Gema # 19 —

"La Navidad es una época no solo de regocijo, sino de reflexión".

Winston Churchill

J esús fue un joven alegre. Por donde sus pies pisaran, dejaba a su paso una estela de gozo. Su presencia traía felicidad a quienes lo recibían con el corazón de un niño. Jesús fue santo, pero no santurrón. De él emanaba la alegría, el gozo, la felicidad. Desde que Jesús nació, mandó avisar que su venida significaba "buenas nuevas de gran gozo" (Lucas 2:10). Fue su manera de invitarnos a celebrar su llegada a este mundo.

Jesús es el Gozo para el cristiano.

El gozo, –aquí en la Tierra–, se inauguró en Belén.

La noche que Jesús nació, fue la más bella de las noches. Dios había bajado a rescatar a la criatura humana de las fauces del mal. Por ello los ángeles cantaron esa noche; no lloraron, no se lamentaron. Ellos se regocijaron. El nacimiento de Jesús no fue para el cielo la pérdida de un hijo por causa de un secuestro. No hubo sabor a pésame; el sabor de esa noche fue a triunfo, a gozo, a buenas nuevas.

¿Debemos como los ángeles de Belén, celebrar el nacimiento de Jesús?

Esta pregunta será siempre una inquietud válida. La respuesta podría estar en algunas de las siguientes líneas escritas por la pluma de Elena G. de White:

"Les ruego, mis hermanos y hermanas, que hagan... de la Navidad una bendición para ustedes y para los demás. El nacimiento de Jesús no fue santificado por los grandes hombres de la tierra. Él era la Majestad del cielo; sin embargo, este súbdito real no tenía asistentes. Su nacimiento no fue honrado por los mismos hombres que vino a salvar a nuestro mundo. **Pero su advenimiento fue celebrado por las huestes celestes.** Los ángeles de Dios, con la apariencia de una estrella, condujeron a los magos en su misión de buscar a Jesús. Vinieron con regalos y ofrendas valiosas de incienso y mirra, para rendir tributo al infante Rey predicho en la profecía. Los magos siguieron, con seguridad y con gran gozo, a los brillantes mensajeros" (Elena G. de White, *Reflejemos a Jesús,* p. 365. Énfasis agregado).

"Los ángeles... aparecieron a los humildes pastores que en la noche cuidaban los rebaños en los campos de Belén. Ni bien los ojos de ellos se acostumbraron a la gloriosa presencia de aquel ángel, he aquí, ¡toda la planicie fue iluminada con la deslumbrante gloria de una multitud de ángeles que pobló los llanos de Belén!" (Ibid).

"Entonces los oídos mortales escucharon la melodía del cielo, y el coro celeste regresó al cielo mientras concluía aquel himno memorable, pero quedó en los corazones de los pastores el cuadro más brillante que ojos mortales hayan visto alguna vez, y la bendita promesa y certeza del advenimiento del Salvador de los hombres a nuestro mundo, que llenó los corazones de alegría y gozo, mezclados con la fe y el maravilloso amor a Dios" (Ibid).

"Se acerca la Navidad. Que todos tengan la sabiduría para hacer de ella una época preciosa. Que los miembros adultos de la iglesia se unan, en alma y corazón con sus hijos en esta inocente diversión y recreación, para idear diferentes maneras y formas de como mostrar verdadero respeto a Jesús, al llevarle regalos y ofrendas" (Elena G. de White, *Review and Herald,* 9 de diciembre, 1884).

Añadiendo a estas palabras, el 17 de diciembre de 1889 Elena G. de White hizo una apelación especial en un artículo publicado en la *Review and Herald* bajo el título, *"Mensaje de Navidad a los jóvenes"*. Este fue su único artículo navideño dedicado a los jóvenes y niños. De este ensayo aprendemos mucho de su filosofía sobre la celebración de la Navidad. Es interesante notar que en su mensaje a los jóvenes y niños, su énfasis sobresaliente, fue señalar el nacimiento de Jesús en un contexto de alegría, alabanza, gozo, agradecimiento y adoración.

El siguiente resumen recapitula ese único artículo navideño dedicado a los jóvenes y niños. Ella lo comienza enfatizando que su propósito es "llamar

CHRISTMAS ADDRESS TO THE YOUNG.

THE 25th of December has long been commemorated as the day of Jesus' birth, and in this article it is not my purpose to affirm or question the propriety of celebrating this event on this day, but to dwell upon the childhood and life of our Saviour.

la atención de los niños sobre la manera humilde en que el Redentor vino al mundo. Todo el cielo estaba interesado en el gran acontecimiento de la venida de Cristo a la tierra". Luego narra lo que el evangelista Lucas describió como un ángel que vino a dar a conocer la noticia del nacimiento del Salvador a los humildes pastores de Belén, y cómo ángeles se unieron en coro celestial para cantar, '¡Gloria a Dios en las alturas, y en la tierra paz, buena voluntad para con los hombres!'. La celebración no fue tan solo terrenal. Ella lo describió así: "Todo el cielo se conmovió por motivo del nacimiento del Salvador. El canto triunfal que escucharon los pastores fue solo un eco de la alabanza que resonaba alrededor del trono en lo alto. **Toda la hueste angélica se regocijó y cantó alabanzas porque la salvación se presentó como un regalo gratuito para el hombre caído**" (Elena G. de White, *Review and Herald,* 17 de diciembre, 1889. Énfasis agregado).

Tomando en cuenta lo majestuoso del evento, Elena G. de White aprovecha para hacer un llamado a los jóvenes di-

ciendo: "Queridos hijos, ¿no encontrarán respuesta en nuestros corazones estas preciosas palabras que salen de los labios de los ángeles celestiales? ¿No despertarán alegría y melodía en el alma porque Jesús ha venido a nuestro mundo para traer de vuelta a Dios a aquellos que por el pecado se alejaron de él? Si los ángeles del cielo glorificaron a Dios y derramaron su alegría en melodía divina y canto sagrado sobre las llanuras de Belén, **¿nuestros corazones estarán fríos e insensibles? ¿Nos apartaremos con indiferencia de la salvación traída a la luz por medio de Cristo?**" (Ibid. Énfasis agregado).

Seguidamente, hace un llamado a los adultos, ya que estos deben tomar la responsabilidad de trabajar por la salvación de los niños y jóvenes: "Los que aman a Dios deben interesarse profundamente por los niños y jóvenes. A ellos Dios puede revelarles su verdad y salvación. Jesús llama a los pequeños que creen en él, los corderos de su rebaño. Tiene un amor e interés especial por los niños. Jesús ha dicho: 'Dejen a los niños, y no les impidan venir a mí [que nadie ponga ningún obstáculo en el camino de los niños para que vengan a mí]; porque de los tales es el reino de los cielos'. Jesús ha pasado por las pruebas y los dolores a los que está sujeta la infancia. Él conoce las penas de los jóvenes. Por su Espíritu Santo, está atrayendo hacia sí los corazones de los niños, mientras que Satanás está obrando para mantenerlos alejados de él. **La ofrenda más preciosa que los niños pueden dar a Jesús, es la frescura de su infancia**. Cuando los niños buscan al Señor de todo corazón, él será hallado por ellos. Es en estos primeros años cuando los afectos son más ardientes, el corazón más susceptible a mejorar" (Ibid. Énfasis agregado).

"¡Cuán importante es entonces que los niños vengan a Jesús en sus primeros años, y se conviertan en corderos de su rebaño! Cuán importante es que los miembros mayores de la iglesia, por precepto y ejemplo, los lleven a Jesús, quien quita el pecado del mundo, y quien puede guardarlos por su divina gracia de la ruina que produce. Cuanto mejor se familiaricen con Jesús, más lo amarán y podrán hacer las cosas que son agradables a sus ojos. **Dios ha santificado la infancia al dar a su Hijo unigénito para que se hiciera niño en la tierra**" (Ibid. Énfasis agregado).

El artículo termina con una apelación poderosa y magistral al corazón de los niños: "Los ángeles se asombraron del gran amor de Cristo que lo llevó a sufrir y morir en el Calvario para resca-

tar al hombre del poder de Satanás. La obra de la redención es una maravilla para los ángeles del cielo. ¿Por qué, entonces, somos nosotros, para quienes se ha provisto una salvación tan grande, tan indiferentes, tan fríos y sin amor? Niños, ustedes pueden hacer encargos para Jesús que serán totalmente aceptables para él. Pueden llevar sus pequeños regalos y ofrendas a Cristo. Los magos, guiados por la estrella hasta el lugar donde estaba el niño, trajeron ofrendas de oro, incienso y mirra. Cuando encontraron al Prometido, lo adoraron. Niños, se preguntarán: '¿Qué dones podemos traer a Jesús?'. Pueden darle sus corazones. ¿Qué ofrenda es tan sagrada como el templo del alma purificado de su contaminación de pecado? Jesús está llamando a la puerta de sus corazones; ¿lo dejarán entrar? Él dice, 'he aquí, yo estoy a la puerta y llamo: si alguno oye mi voz y abre la puerta, entraré a él, y cenaré con él, y él conmigo'. ¿De-

– Gema # 20 –

"A veces es bueno ser niños, y nunca mejor que en Navidad, cuando su poderoso Fundador era un niño".

Charles Dickens

jaréis entrar a Jesús en vuestros corazones? ¿Limpiaréis la basura, abriréis la puerta y daréis la bienvenida felizmente a vuestro Huésped celestial? No necesitaré suplicarles que le traigan ofrendas de acción de gracias a Dios si tan solo dejan entrar al Salvador. Estarán tan agradecidos que no podrán evitar poner sus ofrendas a los pies de Jesús. Que los corazones de todos respondan con gran alegría por el don inestimable del Hijo de Dios" (Ibid).

Fue en este contexto que ella escribió: "¡Qué amor incomparable manifestó Jesús por un mundo caído! Si los ángeles cantaron porque el Salvador nació en Belén, ¿no se harán eco nuestros corazones del alegre refrán que dice: "Gloria a Dios en las alturas, y en la tierra paz, buena voluntad para con los hombres? (Lucas 2:14). **Aunque no sabemos exactamente en qué día nació Jesús, debemos honrar este sagrado acontecimiento**. No quiera Dios que haya alguien tan estrecho de mente que pase por alto este acontecimiento porque no tiene seguridad en cuanto a la fecha exacta. Hagamos todo lo posible para que las mentes de los niños se concentren en esas cosas que son tan preciosas para todos los que aman a Jesús. Enseñémosles que vino a este mundo para traer esperanza, consuelo, paz y felicidad para todos" (Elena G. de White, *Cada día con Dios,* 17 de diciembre. Énfasis agregado).

Como ella dijo al final de una de sus publicaciones sobre la Navidad, "al buen entendedor, pocas palabras bastan" (Elena G. de White, *Review and Herald,*

11 de diciembre, 1879). Santiago nos recuerda en su libro, "más sed hacedores de la palabra, y no tan solamente oidores" (Santiago 1:22).

Queda claro en los escritos de Elena G. de White que ella estaba de acuerdo que se celebrase la Navidad, recordando el nacimiento de Jesús. Sin embargo, la celebración que ella propone contrasta con la que la sociedad consumista, en forma general, lleva a cabo. A continuación aparecen nueve consejos para que dicha celebración sea lo más especial posible:

_____ CONSEJO #1 _____
Celebrar el nacimiento de Cristo con música.

En 1869 apareció el primer himnario adventista titulado *Himnos y tonadas para aquellos que guardan los mandamientos de Dios y la fe de Jesús* [Hymns and Tunes for Those Who Keep the Commandments of God and the Faith of Jesus]. Ya entonces contenía un himno navideño, *Ven Jesús, tan esperado* [Come, thou long-expected Jesus]. El segundo y tercer himnario adventista (1886 y 1908), usados en los días de Elena G. de White, contenían veinticinco himnos navideños. El primer himnario en español (1921) ofrecía siete himnos navideños. Actualmente el himnario adventista en inglés (1985), ofrece veintinueve himnos navideños y el himnario en español editado en el año 2010, contiene dieciséis (Ver apéndice #5).

Desde sus comienzos, la Iglesia Adventista siempre ha celebrado con alabanzas el nacimiento de Jesús en Navidad. De la misma manera, desde un principio se aseguró que las iglesias tuviesen programas y dramas para Navidad. ¡Cuántas cantatas, músicas preciosas, dramas impresionantes, programas de 13er. Sábado, se han hecho sobre el nacimiento de Jesús, por motivo de la Navidad en nuestras iglesias en el mundo entero! Ciertamente que muchas personas han conocido a Jesús por primera vez, por una invitación a un programa musical de Navidad. ¡Sigamos uniéndonos a los ángeles celestiales en alabanza por el nacimiento de Jesús!

Nadie más que la hueste angelical, entiende que las buenas nuevas de salvación y perdón se anuncian con música. Jamás en la historia de la humanidad se había escuchado cantar un coro celestial, pero el nacimiento milagroso de Jesús, se lo merecía. A la presencia de Dios se llega con alabanzas (Salmo 95:2), y Dios mismo descendía a la Tierra. El cielo no pudo contenerse ante este extraordinario acontecimiento, y los coros celestiales descendieron para dar la noticia maravillosa de la venida de Jesús. Los pastores tuvieron el privilegio de escuchar a los ángeles entonar la pompa y circunstancia celestial: "¡Gloria a Dios en las alturas, y en la tierra paz, buena voluntad para con los hombres!" (Lucas 2:14). Alabanza es la atmósfera del Cielo. Celebrar la Navidad como el Cielo la celebró, es celebrarla con loor.

CONSEJO #2
Exaltar a Jesús y humillar al yo.

"La Navidad y el Año Nuevo, pronto estarán aquí, y ¿qué planes estamos haciendo concerniente a ellos? ¿Cómo los emplearemos para que podamos ser obreros junto con Dios? La gente en general celebra el aniversario profeso del nacimiento del Salvador, festejando y regocijándose, y haciendo regalos a amigos terrenales. El tiempo, el pensamiento y el dinero se dedican a estas cosas, y Cristo y su causa son descuidados. El mismo día elegido para honrar a Cristo, es dedicado por muchos a honrarse y agradarse a sí mismos. Designado para mantener al Salvador en la memoria, se gasta en hacer que sea olvidado" (Elena G. de White, *The Signs of the Times*, 8 de diciembre, 1887).

"El cristiano debe seguir un curso opuesto a esto. En estas fechas, la gracia de Dios se nos presenta de una manera especial. Se nos invita no solo a traer a la memoria las múltiples bendiciones del año, los ricos dones que la Providencia ha otorgado tan generosamente, sino sobre todo a recordar el don inestimable del amado Hijo de Dios. Aquí hay un tema sin fin para el pensamiento. La perfección del carácter de nuestro Salvador despierta la admiración de los ángeles. El más brillante y exaltado de los hijos de la mañana anunció su gloria en la creación, y con cantos de alegría anunció su nacimiento. [Los ángeles] se cubren el rostro delante de él mientras se sienta en su trono, echan sus coronas a sus pies y cantan sus triunfos al contemplar su gloria resplandeciente. Sin embargo, este Ser glorioso amó al pobre pecador, y tomó sobre sí la forma de un siervo, para que sufriera y muriera por el hombre. Jesús podría haber permanecido a la diestra del Padre, vestido con la corona real y las túnicas reales; pero eligió cambiar todas las riquezas, el honor y la gloria del Cielo por la pobreza de la humanidad, y su posición de alto mando por la angustia del Getsemaní y la humillación y la agonía del Calvario" (Ibid).

"¡Oh, los misterios de la redención! ¡Cuán oscuro y egoísta es el corazón humano que puede apartarse de un amor tan incomparable y dedicarse a las vanas cosas de este mundo! Nuestras almas son frías y aburridas porque no nos detenemos en los encantos incomparables de nuestro Redentor. Si ocupamos nuestros pensamientos en contemplar su amor y misericordia, reflejaremos lo mismo en nuestra vida y carácter, porque al contemplarlo somos transformados. **Solo exaltando a Jesús y humillándonos a nosotros mismos podemos celebrar correctamente el nacimiento del Hijo de Dios**" (Ibid. Énfasis agregado).

CONSEJO #3
Celebrar la Navidad enfatizando a Cristo, resaltando su nacimiento.

"Cuando el mundo en general celebra el día [de Navidad], no rinde honor a Cristo. Se niegan a reconocerlo como su Salvador, a honrarlo mediante la obediencia voluntaria a su servicio. Muestran preferencia por el día, pero

– Gema # 21 –

"La mejor manera de difundir la alegría navideña es cantar en voz alta para que todos la escuchen".

Will Ferrell

ninguna por aquel por quien se celebra el día, Jesucristo" (Elena G. de White, *Review and Herald,* 9 de diciembre, 1884).

"No sólo en los cumpleaños deberían los padres y los hijos recordar las misericordias del Señor en una forma especial, sino también los días de Navidad y Año Nuevo deberían ser ocasiones cuando cada hogar debiera recordar a su Creador y Redentor. En lugar de ofrecer regalos y donativos abundantes a los seres humanos, la reverencia, el honor y la gratitud deberían ofrecerse a Dios, y los regalos y las ofrendas debieran fluir por el conducto divino. **¿No le agradaría al Señor que se lo recuerde en esta forma?** ¡Oh, cómo ha sido olvidado Dios en estas ocasiones!" (Elena G. de White, *Consejos sobre mayordomía cristiana*, p. 310. Énfasis agregado).

"Incluso la Navidad, el día que se observa profesamente en honor del nacimiento de Cristo, se ha convertido en el medio más eficaz para apartar la mente de Cristo, de su gloria. Cristo debe ser recordado, su nombre honrado; debe contarse la antigua, la antigua historia de su amor. En lugar de decir con nuestras acciones que estamos sacando a Cristo de nuestra mente y corazón, debemos testificar a los hombres, a los ángeles y a Dios, que recordamos a nuestro Redentor, siguiendo su ejemplo de sacrificio propio por el bien de los demás" (Elena G. de White, *Review and Herald,* 9 de diciembre, 1890).

– Gema # 22 –

"El espíritu navideño es un espíritu de dar y perdonar".

J.C. Penny

"¿Por qué los niños y los de edad madura son educados para poner sus poderes inventivos a trabajar para idear regalos los unos para los otros, mientras que el Señor, Dios del cielo, que ha hecho el don de sí mismo al mundo en su Hijo unigénito, queda fuera del cuadro? ¡Cómo se deshonra al Señor en la celebración de la Navidad! ¡Cómo se le roba, tanto los talentos de los medios como la acción de gracias y la alabanza que deben brotar en

cada corazón y fluir de cada voz!" (Elena G. de White, *Manuscript 52,* 1890).

"Jesús es el don para el mundo, y todo debe conducirse por este canal —dar a conocer a Cristo al mundo, enviar a cada lengua y nación el conocimiento de su salvación, Sus invitaciones de misericordia, Su amor adorable. **Pero la obra del diablo** es interceptar los rayos de luz que vienen del Padre a nuestro mundo y ponerlos a fluir por los canales humanos, para complacer y satisfacer los deseos terrenales, para complacer la vanidad y glorificar a la criatura en lugar del Creador" (Ibid. Énfasis agregado).

Jesús al control, no Satanás.

En una carta escrita a su hijo Willie y a Mary, su nuera, Elena G. de White describe lo que hará en esa Navidad: "La Navidad ya casi está aquí. Mi Navidad será dedicada a buscar a Jesús para que sea un huésped bienvenido en mi corazón. Su presencia ahuyentará todas las sombras. Debemos atesorar el amor, la humildad y la mansedumbre, y no dejar que Satanás tenga el control de nuestras mentes o afectos" (*Carta 51,*
20 de diciembre, 1888. Herbert Douglas,
Mensajera del Señor, p. 6).

CONSEJO #4
Aprovechar la fecha sin pasarla por alto.

"En vista de que el 25 de diciembre se observa para conmemorar el naci-

miento de Cristo, y en vista de que por precepto y por ejemplo se ha enseñado a los niños que es en verdad un día de alegría y regocijo, os resultará difícil pasar por alto esa fecha sin dedicarle cierta atención. Es posible valerse de ella con un buen propósito" (Elena G. de White, *El hogar cristiano*, p. 435).

"Es necesario tratar a los jóvenes con mucho cuidado. No se les debe dejar que en ocasión de **Navidad** busquen diversión en la vanidad y la búsqueda de placeres, o en pasatiempos que pudieran perjudicar su espiritualidad. Los padres pueden controlar esto dirigiendo la atención y las ofrendas de sus hijos hacia Dios y su causa, y hacia la salvación de las almas" (Ibid. Énfasis agregado).

"En vez de ser ahogado y prohibido arbitrariamente, el deseo de divertirse debe ser controlado y dirigido por esfuerzos esmerados de parte de los padres. Su deseo de hacer regalos puede ser desviado por cauces puros y santos a fin de que beneficie a nuestros semejantes al suplir la tesorería con recursos para la grandiosa obra que Cristo vino a hacer en este mundo. La abnegación y el sacrificio propio caracterizaron su

conducta, y deben caracterizar también la de los que profesamos amar a Jesús porque en él se concentra nuestra esperanza de vida eterna" (Ibid.)

— CONSEJO #5 —
Ayudar a los necesitados y desamparados en Navidad.

Se trata de un consejo que se repite varias veces en sus escritos: "Si quisierais guardar este día como es debido, llamad a los pobres necesitados, y si tienen necesidad de algo, suplid esa necesidad" (Elena G. de White, *Manuscript Releases*, vol. 21, p. 223).

"Y después de haber hecho esto, venid y haced una ofrenda al Señor. Eso dice a vuestra propia alma: Cristo, por mi causa se hizo pobre para que por su pobreza yo pudiera ser enriquecido. Jesús, por la ofrenda de sí mismo, ha puesto a nuestro alcance este don infinito. Podéis traer un regalo a Jesús para que a través de vuestras ofrendas otros puedan ir a la viña y trabajar para llevar a Dios a aquellos por quienes Jesús murió" (Ibid).

"Se debe ayudar a las instituciones que se establecen para ayudar a los huérfanos, a los dependientes y a los indigentes, a los enfermos y a los ancianos. Los que tienen la bendición de la salud deben cooperar con Cristo ayudando a los débiles. La bendición de Dios descansa sobre aquellos que representan a Cristo al hacer esta obra. Las fiestas de **Navidad** y Año Nuevo pueden y deben celebrarse en favor de los desamparados. Dios es glorificado cuando damos para ayudar a los que han de sustentar familias numerosas" (Elena G. de White, *El hogar cristiano*, p. 438. Énfasis agregado).

– Gema # 23 –

"Ojalá pudiésemos meter el espíritu de Navidad en jarros y abrir un jarro cada mes del año".

Harlan Miller.

CONSEJO #6

Tener el mejor feliz Año Nuevo allegándose a Jesús.

"¡Con qué frecuencia sus labios pronuncian el amable saludo: 'Te deseo un Feliz Año Nuevo', y luego, en unos momentos, pronuncian palabras impacientes e irritables! ¡Cuántos niños siempre están listos para discutir sobre pequeñeces, sin estar dispuestos a hacer el más mínimo sacrificio por los demás! Para tales, el Año Nuevo no traerá felicidad real. Pueden disfrutar de una alegría bulliciosa, pero sus corazones no conocen la paz, ni la alegría. ¿No vendrán a Jesús con penitencia y humildad, para que él les limpie del pecado y les prepare para su reino? Al hacer esto, tendrán el año más feliz que hayan conocido. Traerá alegría en el cielo y alegría en la tierra" (Elena G. de White, *The Signs of the Times,* 7 de enero, 1903).

"¿De verdad deseamos a nuestros seres queridos un feliz Año Nuevo? Entonces hagámoslo así para ellos con bondad, simpatía, alegría, y devoción desinteresada. Si nos conectamos con Dios, la fuente de paz, luz y verdad, su Espíritu fluirá a través de nosotros, para refrescar y bendecir a todos lo que nos rodean" (Ibid).

"Este año puede ser nuestro último año de vida. ¿No entraremos en ello con consideración? ¿No marcarán la sinceridad, el respeto, la benevolencia, nuestro comportamiento hacia todos? Que este año sea un tiempo que nunca será olvidado, un tiempo en el que Cristo morará con nosotros, diciendo: 'La paz sea con vosotros' " (Ibid).

CONSEJO #7

Tener más días festivos para Dios.

"¿No sería bueno para nosotros celebrar días festivos para Dios, en los que pudiéramos revivir en nuestras mentes el recuerdo de su trato con nosotros?

Volume 7.   Melbourne, Victoria, December 15, 1892.   Number 24.

¿No sería bueno considerar sus bendiciones pasadas, recordar las impresionantes advertencias que han llegado a nuestras almas, para que no olvidemos a Dios?" (Elena G. de White, *Australasian Union Conference Recorder*, 17 de noviembre, 1913).

"¿No debiera tener el pueblo de Dios con más frecuencia convocaciones santas en las que se agradezca a Dios por sus ricas bendiciones? ¿No encontraremos tiempo para alabar a Cristo por su descanso, paz y gozo, y manifestar diariamente con acción de gracias que apreciamos el gran sacrificio hecho en nuestro favor, para que podamos ser partícipes de la naturaleza divina? ¿No hablaremos del futuro descanso en el paraíso de Dios, del honor y la gloria reservados para los siervos de Jehová? Mi pueblo habitará en morada de paz, en moradas seguras y en lugares tranquilos de descanso. Estamos de regreso a casa, buscando un país mejor, uno celestial" (Ibid).

"¿Nos mostraremos indiferentes cuando el plan de salvación se desarrolla ante nosotros? **De ahora en adelante la escuela y la iglesia tengan fiestas de regocijo para el Señor**" (Ibid., 24 de noviembre, 1913. Énfasis agregado).

____ CONSEJO #8 ____
Navidad, es también para la recreación.

El viernes 21 de diciembre de 1901, Elena G. de White partió de su casa en St. Helena para San Francisco, donde participaría en una semana de oración. Se quedó en la casa del Dr. Mattner, en donde se sintió cómoda. El sábado de mañana no pudo predicar, debido a que el salón estaba muy contaminado con dos estufas prendidas; sin embargo, predicó por la tarde. El domingo y lunes de tarde, también predicó. No obstante, el martes era Navidad, y la Sra. White pasó gran parte del día paseando por San Francisco. Al respecto, ella compartió: "El hermano Pierson nos llevó a Strawberry Hill, explicando muchas cosas de interés en el camino a medida que avanzábamos en el grado ascendente. Aquí hay grandes parques, en los que la gente puede escapar del bullicio de la ciudad. Esta es una bendición de la que

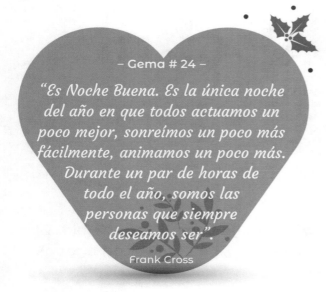

– Gema # 24 –

"Es Noche Buena. Es la única noche del año en que todos actuamos un poco mejor, sonreímos un poco más fácilmente, animamos un poco más. Durante un par de horas de todo el año, somos las personas que siempre deseamos ser".

Frank Cross

todas las clases [sociales] son libres de disfrutar, tanto los pobres como los ricos. Aquí pueden ver árboles, plantas y arbustos, de todos los climas, con rosas, lirios, flores de color rosa y muchas otras variedades. Todos son libres de disfrutar de estas cosas, pero a ninguno se le permite recoger las flores. Si lo hicieran, la belleza del paisaje pronto desaparecería" (Elena G. de White, *Manuscript 1*, 1901).

CONSEJO #9
Hacer de la Navidad una ocasión feliz.

"En Navidad, que los miembros de cada iglesia se reúnan con ofrendas de manos y corazones dispuestos, frutos del amor y la gratitud a Dios. Que todos ejerzan su influencia y capacidad para hacer que estas reuniones

sean **atractivas e interesantes**" (Elena G. de White, *Review and Herald*, 15 de diciembre, 1885. Énfasis agregado).

"La historia del nacimiento y la infancia de Jesús nunca pierde su **fragancia y su interés**, y debe repetirse a menudo a los niños y jóvenes" (Elena G. de White, *Bible Echo and The Signs of the Times*, 15 de diciembre, 1892. Énfasis agregado).

"Cuando tengáis un día feriado, convertidlo en un **día agradable y feliz** para vuestros hijos, y haced que también sea un día agradable para los pobres y los afligidos. No permitáis que transcurra el día sin llevar ofrendas de agradecimiento y gratitud a Jesús" (Elena G. de White, *Consejos sobre mayordomía cristiana*, p. 311. Énfasis agregado).

En relación al natalicio de Jesús, no disponemos de una fuente histórica fidedigna sobre la fecha de su nacimiento; sin embargo, sabemos con certeza por las Sagradas Escrituras que para su llegada a Belén como un bebé indefenso, los ángeles del cielo se acercaron a la Tierra, celebrando con cánticos inéditos la llegada del Niño Dios (Lucas 2:13, 14).

Dios no dejó ningún mandamiento para celebrar el nacimiento de su Hijo, como no dejó ningún mandato para celebrar el estallido de los cerezos en primavera. Es una reacción natural, como lo es la respuesta del girasol que se inclina colorido y humilde delante del astro rey. El nacimiento de Jesús trajo una respuesta espontánea en los ángeles en Belén, como ocurre la atracción entre dos corazones que se aman. La admiración del cielo bajó a la tierra para que la admiración de los mortales ascendiera hasta los cielos.

Que cada Navidad reflejemos como cristianos, la misma actitud de regocijo, alabanza y gratitud que el cielo mostró al ver "el don inestimable del Hijo de Dios". Unámonos a la hueste angelical que cantó alabanzas, "porque la salvación se presentó como un regalo gratuito para el hombre caído". ¡Oh qué amor incomparable manifestó Jesús al venir a nuestro mundo a redimirnos! Cantemos desde lo profundo de nuestras almas: "Gloria a Dios en las alturas, y en la tierra paz, buena voluntad para con los hombres", y enseñemos que él vino a traer esperanza, consuelo, paz y felicidad a todos.

ORACIÓN
de Navidad

"Que Dios te conceda la luz
en la Navidad, que es la fe;
el calor de la Navidad, que es amor;
el resplandor de la Navidad,
que es pureza; la santidad
de la Navidad, que es justicia;
la creencia en la Navidad,
que es la verdad;
el todo de la Navidad,
que es Cristo".

—Wilda English

Conclusión

El repaso de la vida de Elena G. de White enfocado en cómo guardó ella la Navidad, nos refleja el siguiente patrón: Desde 1856, en su primer sermón en Navidad, hasta 1913, dos años antes de su muerte, predicó, vivió y celebró la Navidad con un solo propósito: exaltar al Señor Jesús.

Sus sermones navideños presentaron a Cristo, no solo como el Salvador del mundo sino como el regalo más valioso de Dios a la humanidad. Un don en el que se encuentran los regalos más preciados para que el mundo no perezca, sino tenga vida eterna.

Su vida, en cuestión de regalos navideños reflejó una sabiduría que se manifestó en un balance entre dar muestras tangibles de cariño a sus seres queridos, y dar regalos generosos a Jesús. Con mucho amor dio presentes navideños, especialmente a sus hijos. Esos gestos de amor se distinguieron por ser prácticos, sencillos, de primera necesidad; no artículos de moda. Se gozó en ver cómo los niños recibían con gran alegría sus regalos. Y aunque ese amor a su familia fue sellado con sus obsequios, también los distribuyó entre gente necesitada. Con certeza, los regalos navideños que dejaron la mayor huella, fueron las ofrendas generosas que impulsó y el énfasis de dar el mejor regalo a Jesús, la dádiva de nuestro corazón.

El árbol de Navidad, que para algunos ha sido motivo de controversia, no lo fue para ella. Su posición fue clara al declarar que no entraña pecado tener un árbol de Navidad. **El pecado está en el motivo con el que se ofrece y el uso que se le dé a los regalos puestos en él.** En este contexto ella explicó la diferencia de la siguiente manera: "Los frutos del jardín de Satanás son vanidad, orgullo, la importancia propia, el deseo maligno, la extravagancia, "todos frutos venenosos, pero muy gratificantes para el corazón carnal" (Elena G. de White, *Review and Herald*, 9 de diciembre de 1884). Y los frutos del árbol de Dios son beneficencia y gratitud, ofrendas que provienen de corazones y manos dispuestas, expresiones de nuestra fe y de nuestro gran amor hacia Dios por el regalo de su Hijo, Jesucristo; frutos ricos, puros y santos, agradables a Dios. En pregunta retórica expresa su posición sobre el árbol de Navidad: "¿No tendremos una Navidad que el Cielo pueda aprobar?" (Ibid.).

Por eso, ella recomendó: "Siendo que Dios nos ha dado a todos el Cielo en el regalo de su amado Hijo, expresemos nuestra gratitud mediante ofrendas de agradecimiento a su causa. Que los árboles fragantes de Navidad rindan una rica cosecha para Dios." (Elena G. de White, *Review and Herald,* 7 de diciembre de 1886). Precisamente, eso fue lo que sucedió. Las iglesias adventistas del siglo diecinueve captaron el mensaje y establecieron la tradición de cada año celebrar la Navidad con ofrendas generosas para el sostenimiento de la obra y la edificación del reino de Dios. Cosechas abundantes que dejaron un legado, especialmente en las misiones extranjeras.

Sin embargo, no debemos confundirnos y pensar que la importancia está en la grandeza de la celebración o inclusive la magnitud de la generosidad humana, por más abundante que sea. La base y el motivo principal de la Navidad está en la ofrenda suprema que Jesús hizo de darse a sí mismo para vivir una vida de sufrimiento, humillación y vergüenza, por un mundo que perecía en el pecado. ¡Jesús! ¡Jesús! ¡Jesús! Él es el motivo supremo de la celebración de Navidad. Todas nuestras alabanzas sinceras, muestras de agradecimiento, o posibles "sacrificios" por y hacia él, se hunden en la insignificancia ante la abnegación y el sacrificio de Cristo. Pues al final de todo, queda una pregunta por contestar: "¿Cuánto le debes a Aquel que dio su vida por ti?" (Elena G. de White, *Manuscript 73*, 1900). Su divina gracia, su gran amor, y su inmerecida misericordia son las que nos dejan sin otra alternativa que, en agradecimiento, como los sabios de oriente, traer nuestros regalos a Jesús, recordando siempre que "la ofrenda más dulce y aceptable a los ojos de Dios, es un corazón humillado por la abnegación, al levantar la cruz y seguir a Jesús" (Elena G. de White, *Review and Herald*, 14 de noviembre, 1899).

En cincuenta y siete años de escritura sobre la Navidad, Elena G. de White nos deja un pensamiento claro. Debemos celebrarla como el cielo la celebró: con alegría, alabanza y gozo, para exaltar la llegada de Jesucristo, el Hijo de Dios, para salvar a la humanidad.

"Cristo debe ser recordado, su nombre honrado; debe contarse la antigua, antigua historia de su amor. En lugar de decir con nuestras acciones que estamos sacando a Cristo de nuestra mente y corazón, debemos testificar a los hombres, a los ángeles y a Dios, que recordamos a nuestro Redentor, siguiendo su ejemplo de sacrificio propio por el bien de los demás"(Elena G. de White, *Review and Herald*, 9 de diciembre, 1890. Art. A).

Animo al estimado lector a repasar en el Apéndice 2, la lista de actividades de los 31 actos de bondad propuesta para hacer del mes de diciembre un motivo para mostrar el amor de Dios de manera práctica a la comunidad que nos rodea.

La Navidad ha inspirado históricamente la mayor creatividad humana en las bellas artes. Ha sido fuente de inspiración de obras musicales magistrales. Ha sido el tema principal de pinturas y esculturas sobresalientes. Si el mundo, aunque pálidamente y con motivos alternos, celebra la Navidad, ¿qué deberían hacer aquellos que profesan ser discípulos de Jesucristo, el verdadero motivo de ella? ¿Ignorarla? ¡No! La Iglesia Adventista del Séptimo Día, desde sus comienzos se ha unido a estos esfuerzos para celebrar el evento más importante de la historia, el nacimiento de Jesús. El día en que Dios envió a su hijo para traer salvación a un mundo perdido. A pesar de oposiciones esporádicas, la iglesia siempre ha celebrado la Navidad. Sus himnarios siempre han tenido himnos navideños. Cada año, a nivel mundial, las iglesias adventistas se unen a los coros celestiales para dirigir la vista del mundo a Jesús. Cantatas, dramas, décimos terceros sábados, conciertos, árboles de Navidad, ofrendas especiales, todos han sido parte de nuestra tradición espiritual navideña. Ojalá que de cada iglesia se registren en los libros celestiales navidades como nunca antes se han visto; colmadas de alabanza, alegría y agradecimiento, inspirando ternura por la humanidad, amor hacia Dios y ante todo, para exaltar a Jesús.

Ojalá que de cada iglesia se registren en los libros celestiales navidades como nunca antes se han visto; colmadas de alabanza, alegría y agradecimiento, inspirando ternura por la humanidad, amor hacia Dios y ante todo exaltando a Jesús.

Acerca del autor ◇◆◇————

Jaime A. Heras nació en Los Ángeles, California, de padres adventistas. En su temprana edad sus padres se trasladaron a Montemorelos, estado de Nuevo León, México, donde vivió hasta terminar su bachillerato en Teología.

Deseando prepararse para ser misionero, fue a la Universidad Andrews, Michigan, donde terminó su Maestría en Divinidades. Siguiendo su sueño, aceptó un llamado para ir a Inglaterra y ayudar en el establecimiento de la primera iglesia hispana en la División Trans-Europea. De allí regresó a Los Ángeles, California, donde ha ejercido el ministerio pastoral. Él se ve como un misionero llamado a servir en las ciudades.

Posee un doctorado en ministerio (DMin.) con énfasis en vida familiar, y es un educador de vida familiar certificado (CFLE) por el Concilio Nacional de Relaciones familiares (NCFR). Eso lo ha llevado a impartir seminarios sobre finanzas, crianza de los hijos, relaciones familiares, etc.

Jaime y su esposa Jenny, se han gozado impulsando el ministerio infantil en las iglesias que les ha tocado ministrar. Además, remodelar los templos ha sido uno de sus desafíos que le ha dado satisfacción cumplir. Por otra parte, impulsar a los jóvenes, especialmente en la educación cristiana, le ha traído mucho regocijo. En resumen, el doctor Heras percibe que su misión en la vida es ayudar a otros a desarrollarse.

Al doctor Heras le gusta leer, investigar, sembrar, ir a caminar a la playa con su familia, viajar; y jugar, tan solo por el afán de hacerlo.

Puede ser contactado a través de ◇◆◇————

✉@ Jherasw@hotmail.com

◯ +1 (562) 818-2664

Este libro se puede ordenar con el autor o a través de Amazon.

Apéndice 1
Línea de tiempo:
Elena G. de White y la Navidad
1856 – 1913

LS: 24 de dic., 1856:   Predica en Navidad el tema titulado: "Volveos a mí".

Letter 18: 14 de dic., 1867:   Envía un regalo a su hijo Edson.

2BIO, 218: 25 de dic., 1867:   Predica y dieciocho jóvenes entregan su vida a Jesús.

3MR: 29 de dic., 1867:   Envía un regalo a su hijo Edson.

Letter 29, 1873:   Pide que se les diga a los niños que sus regalos están en camino.

Letter 29, 1877:   Recomienda regalar libros en Navidad.

RH: 21 de nov., 1878:   Primer artículo en el que menciona la Navidad.

14 MR: 26 de dic., 1878:   Anima a ayudar a los más necesitados.

RH: 11 de dic., 1879:   Primer artículo acerca de la Navidad.

21 MR, 222, 1880:   ¿Cómo celebraremos el Día de Acción de Gracias y la Navidad?

Letter 51, 1880:   Aclara que pasará la Navidad buscando a Jesús.

RH: 26 de dic., 1882:   Habla de regalos navideños.

Letter 8, 1883:   Escribe sobre dos árboles de Navidad, y una ofrenda de $172.

ST: 4 de enero, 1883:   Se refiere al año viejo y al año nuevo.

RH: 29 de enero, 1884:   Reunión de la Escuela Sabática en Healdsburg, CA.

RH: 9 de dic., 1884:   Anuncia la cercanía de la Navidad.

EGWE: 1885-1887, 253:   Habla a favor del árbol de Navidad.

RH: 6 de enero, 1885:   Describe un programa de Navidad en el Tabernáculo de Battle Creek.

RH: 5 de dic., 1885:   Aconseja comprar libros como regalos de Navidad para los niños.

RH: 15 de dic., 1885:   Se refiere a regalos navideños.

RH: 26 de dic., 1885:   La experiencia de pasar Navidad en Basilea, Suiza.

Carta 72a,1886:   Hace apelación navideña en Europa.

RH: 7 de dic., 1886:   Motiva a ser obreros con Dios.

MS 72: 25 de dic., 1886:   Predica en la dedicación del primer templo en Europa.

MS 60: 26 de dic., 1886:	Habla de propósitos para el Año Nuevo. Sermón: La misión de Cristo.
RH: 13 de dic., 1887:	Ofrendas de Navidad para las misiones. Programa dramatizado de Nochebuena para los niños.
Letter 81: 19 de enero, 1887:	Celebración navideña para los niños en Europa.
RH: 6 de dic., 1887:	Nuestras misiones en Europa.
ST: 8 de dic., 1887:	Entusiasma a dar regalos de Navidad para Cristo.
1888 Materials, 776:	En Navidad, los dones deben ser traídos a Cristo.
RH: 14 de febrero, 1888:	Reportó ofrendas de Navidad: $646.01.
RH: 11 de dic., 1888:	Se refiere a Cristo como el don inestimable.
RH: 18 de dic., 1888:	Nuestros deberes y obligaciones
2MR 235, 26 de dic., 1888:	Se refiere a programas de Navidad dramatizados.
3MR 189, 1889:	$125, la ofrenda que se recolecta en Navidad
5T 643, 6 de enero, 1889:	Ideas erróneas de confesión.
RH: 19 de febrero, 1889:	¿Dónde están los nueve? Donativo de $125 en Navidad.
Carta 20 de nov., 1889:	Envía un regalo de Navidad a Mary White.
MS 23, Nov., 1889:	Referencia a las ofrendas de Navidad.
RH: 17 de dic., 1889:	Las ofrendas de Navidad (editores).
RH: 17 de dic., 1889:	Discurso de Navidad a los jóvenes.
MS 24: 25 de dic., 1889:	Celebración de Navidad en el Tabernáculo.
RH: 9 de dic., 1890:	Regalos de Navidad.
MS 52: 17 de dic., 1890:	Jesús es el Don para el mundo, y todo debe ser conducido a él.
RH: 23 de dic., 1890:	Cumpleaños y la Navidad dedicados a la gratificación egoísta en lugar de la bondad amorosa de Dios.
MS 53: 24 de dic., 1890:	Predica sobre Lucas 10:25-28 en Navidad.
OMS, 26:	Regalos de su hijo William para las hijitas de él.
OMS, 37:	Menciona el calcetín navideño de Ella May (nieta de EGW).
OMS, 41:	Su nieta recomienda *El camino a Cristo* como regalo de Navidad

En Australia:

MS 45: 25 de dic., 1891:	Predica acerca del primer advenimiento de Cristo.
MS 38: 20 de nov., 1892:	Dedica su tiempo para escribir en Navidad.
Bible Echo: 15 de dic., 1892:	Apelación: ¿Qué pagaremos al Señor?
Letter 89: 25 de dic., 1892:	Dedica su tiempo para escribir en Navidad. Ella recibe un regalo.
MR 969: 3 de febrero, 1893:	Navidad a favor de los indefensos.
Letter 59: 4 de sept., 1893:	Apelación para presentar las ofrendas de Navidad al Señor.

MS 89: 24 de dic., 1893:   Predicó sobre el nacimiento de Cristo y las ofrendas de Navidad.

RH: 20 de febrero, 1894:   F. M. Wilcox; programas dramatizados; se recogen $128.00.

MMis: 1 de nov., 1894:   Entusiasma a dar regalos navideños a niños huérfanos.

RH: 13 de nov., 1894:   Anima a presentar dones de gratitud al Señor.

Carta 124: 20 de dic., 1894:   Ella promete un regalo de Navidad de $100 para el barco "Morning Star".

MS 58: 11 de dic., 1895:   Hace reflexión que Jesús es olvidado.

MS 61: 1 de ene., 1896:   Motiva a honrar a Cristo.

RH: 8 de dic., 1896:   Habla del reclamo de Dios.

Letter 92a: 19 de dic., 1897:   Testimonio de gastar en la obra de Dios, en lugar de hacerlo en Navidad.

Carta 73: 5 de ago., 1898:   Hace "Un llamado a nuestras iglesias en América.

Letter 81: 5 de oct., 1898:   Realiza "Un llamado a dar una ofrenda de Navidad".

MS 124: 5 de oct., 1898:   Una apelación de ayuda.

MS 150: 27 de oct., 1898:   ¿Cómo usaremos los bienes de nuestro Señor?

MS 189: 25 de dic., 1898:   Predica sobre Juan 13 en Navidad.

RH: 14 de nov., 1899:   Un llamado de ayuda.

Carta 31: 19 de feb., 1900:   Elena G. de White recibe un regalo de Navidad.

De regreso a Estados Unidos:

RH: 11 de dic., 1900:   Una promoción de la Review and Herald para que se regalen libros.

MS 73: 12 de dic., 1900:   Apelación: "Traed una ofrenda al Señor".

17 MR 43: 25 de dic., 1900:   Predica sobre Colosenses 2 en Navidad.

5BIO 139: 13 de nov., 1901:   Elena G. de White entrega regalos a los niños con motivo de Navidad.

MS 1: 25 de dic., 1901:   Pasea en San Francisco el día de Navidad.

ST: 7 de enero, 1903:   Saludo de feliz año nuevo.

MS 116: 19 de dic., 1905:   Regalos para niños.

Ms 101: 3 de dic., 1906:   Elena G. de White sin regalo de Navidad.

AUGleaner: 19 de dic., 1906:   Plantea la pregunta: ¿Cómo observaremos los días festivos?

RH: 19 de dic., 1908   La Review and Herald promueve una edición especial de Signs of the Times sobre la encarnación de Cristo.

AUCR: 17 de nov., 1913:   Días festivos para Dios (Parte 1).

AUCR: 24 de nov., 1913:   Días festivos para Dios (Parte 2).

Abreviaturas:

LS:	Life Sketches
BIO:	Biography of Ellen G. White, vol. 2.
SMG:	Stories of My Grandmother.
MR:	Manuscript Release.
RH:	Review and Herald.
ST:	Signs of the Times.
MS:	Manuscript.
EGWE:	Ellen G. White in Europe.
T:	Testimonies for the Church.
OMS:	Over my Shoulder.
MMis:	The Medical Missionary.
AUG:	Atlantic Union Gleaner.
AUCR:	Australasian Union Conference Record.

31 actos de bondad
para celebrar el mes de Navidad.

Navidad es el acto de Dios mediante el cual él desciende a servir a la humanidad. La mejor manera de honrar su nacimiento es imitándolo. Que el único propósito sea servir sin ningún interés de por medio, mostrando el amor de Dios de una manera práctica. Las 31 sugerencias expuestas a continuación, pueden practicarse con la familia, con la clase de Escuela Sabática, o con el Grupo Pequeño; pero también de manera individual. El orden en que se realicen puede variar, según las circunstancias particulares.

1. Obsequia un regalo de aprecio a tu cartero.

2. Regala un chocolate calientito al guardia de cruce escolar.

3. Dona ropa y abrigos a refugiados y otras personas en necesidad.

4. Cambia el aceite o lava el auto de madres solas.

5. Dona toallas, cobijitas y suministros de mascotas en albergues locales.

6. Ofrece galletas caseras en tu vecindario, trabajo o iglesia.

7. Lleva flores a la estación de enfermería de un hospital local; las enfermeras sabrán quién las necesita más.

8. Limpia la casa a una persona de la tercera edad.

9. Prepara canastas navideñas para familias en necesidad.

10. Pega bastones de caramelo y una nota en los parabrisas de los automóviles en el estacionamiento de un hospital cercano.

11. Regala juguetes a niños en albergues o en hospitales.

12. Lleva panecillos horneados en casa, a la oficina de policía o bomberos.

13. Regala certificados de comida a estudiantes.

14. Convida a tu cena de Navidad a alguien sin familia cercana.

15. Invita y ofrece transporte a personas no religiosas al programa navideño de tu iglesia.

16. Corta el césped del jardín a adultos mayores en la comunidad.

17. Obsequia globos con helio a los niños en el parque con un mensaje navideño.

18. Cambia el filtro de aire acondicionado y reemplaza bombillas en casa de una viuda.

19. Recoge basura durante un paseo a la naturaleza con tu familia o amigos.

20. Invita a niños de padres solos para llevarlos a un parque de entretenimiento.

21. Decora para navidad una casa en el vecindario.

22. Visita una casa de ancianos con tu familia para compartir en juegos de mesa con ellos.

23. Reúne a tu clase de Escuela Sabática para cantar villancicos en tu vecindario.

24. Ofrécete de voluntario en un albergue.

25. Sonríe y haz un cumplido inesperado.

26. Regala tarjetas de gasolina en la gasolinera cercana a donde vives.

27. Regala monedas para las personas en lavanderías.

28. Da una ofrenda especial y generosa en Navidad.

29. Haz reparaciones menores en casas de personas de la tercera edad.

30. Regala tarjetas de Navidad a quienes no son familiares ni amigos.

31. Paga la cuenta de un desconocido en el supermercado.

La Navidad se acerca.
Los libros son los más apropiados
como regalos navideños.

Esta promoción se anunció en la Review and Herald
del 11 de diciembre de 1900.

El misionero en casa.
Donaciones para la causa
durante la semana de oración, Navidad, 1888.

VOL. I   BATTLE CREEK, MICH., DECEMBER, 1889   No. 12.

GIFTS TO THE CAUSE
During the Week of Prayer, Christmas, 1888. *

CONFERENCE.	OFFERINGS	AMT. PER CAPITA.
Alabama	$13 70	
Arkansas	78 28	$0 35
California	4822 10	2 41
Canada	111 80	78
Colorado	412 76	1 38
Dakota	651 39	1 00
District of Columbia	264 75	11 03
Illinois	359 27	45
Indiana	489 98	43
Iowa	2809 55	1 76
Kansas	1364 12	72
Kentucky	21 38	17
Louisiana	12 70	
Maryland	6 50	
Maine	118 03	27
Michigan	6918 89	1 59
Minnesota	1677 41	96
Missouri	507 55	59
New England	1510 54	1 97
Nebraska	1008 41	1 51
New York	745 89	93
North Pacific	1080 46	1 99
Ohio	886 48	83
Pennsylvania	702 70	83
South Atlantic	178 83	1 23
Tennessee	99 35	63
Texas	261 21	67
Upper Columbia	576 49	1 58
Vermont	541 33	1 18
Virginia	49 93	41
West Virginia	38 08	36
Wisconsin	1795 69	1 02
Total	$30,115 55	Gen. av. $1 147

*Report made June 30, 1889

La música de Navidad.
Desde los orígenes de la Iglesia Adventista del Séptimo Día,
la música navideña ha sido parte de su adoración
para celebrar el nacimiento de Jesucristo.

Todos los himnarios oficiales de la iglesia Adventista han tenido himnos navideños

El primer himnario adventista en idioma inglés fue publicado en 1869. Éste se titulaba *Himnos y tonadas para aquellos que guardan los mandamientos de Dios y la fe de Jesús* [Hymns and Tunes for Those Who Keep the Commandments of God and the Faith of Jesus]. Y contenía un solo himno navideño, titulado: Ven Jesús, muy esperado [Come, thou long-expected Jesus], de Carlos Wesley.

También tenía el himno *Al mundo paz,* [Joy to the World], que ahora es un himno navideño, pero que entonces su letra aludía a la segunda venida de Jesús. Su letra decía "Al mundo paz vendrá Jesús, supremo reinará...".

El segundo himnario conocido en la historia de la música adventista fue publicado en 1905 y llevaba como título, *El himnario y libro de melodías Adventistas del Séptimo Día: para uso en el culto divino* [The Seventh-day Adventist Hymn and Tune Book: for use in Divine Worship]. (1905). Este himnario estaba en uso en los días de Elena G. de White. Este presentaba diecisiete himnos navideños:

1. **All Praise to Thee, Eternal Lord.**
2. **Angels from the Realm of Glory.**
3. **Before the Heavens Were Spread Abroad.**
4. **Brightest and Best of the Sons of the Morning.**
5. **Calm on the Listening ear of Night.**
6. **Christmas -While Shepherds Watched their Flocks by Night.**

7. Hark! What Mean Those Holy Voices.
8. He has Come!
9. Heralds Angels -Hark! The Herald Angels Sing.
10. It Came Upon a Midnight Clear.
11. Mortals Awake with Angel´s Join.
12. Regent Square from the Lips of Angels Spoken
13. Shout the Glad Tidings.
14. To Us a Child of Hope is Born.
15. Wake! O my Soul, and Hail the Morn.
16. When Jordan Hushed his Waters Still.
17. With Gladness Man of Old did the Guiding Star Behold.
    The Seventh-day Adventist hymn and tune book:

El tercer himnario en uso en los días de Elena G. de White, publicado en 1908, se titulaba *Cristo en canción* [*Christ in Song*]. Traía nueve himnos navideños:

1. Angels From the Realm of Glory.
2. As with Gladness.
3. Crown Him, Crown Him.
4. Hark! The Herald Angels Sing.
5. It Came Upon the Midnight Clear.
6. Joy to The World.
7. Little Town of Bethlehem.
8. Room in My Heart.
9. Thou Didst Leave thy Throne.

El cuarto himnario oficial en la historia de la Iglesia Adventista del Séptimo Día fue publicado en 1941 y se titulaba *El himnario de la iglesia: himnario oficial de la Iglesia Adventista del Séptimo Día* [The Church Hymnal: Official Hymnal of the Seventh-Day Adventist Church]. Contenía dieciséis himnos navideños:

1. A Great and Mighty Wonder.
2. All My Heart this Night Rejoices.
3. Angels From the Realms of Glory.

4. As With Gladness Men of Old.
5. Hark! The Herald Angels Sing.
6. It Came Upon the Midnight Clear.
7. O come, O come, Immanuel.
8. O Little Town of Bethlehem.
9. Once in Royal David's City.
10. Silent Night, Holy Night.
11. The First Noel.
12. There's a Song in the Air.
13. Thou Didst Leave Thy Throne.
14. To us a Child of Hope is Born.
15. We, Three Kings of Orient.
16. While Shepherds Watched their Flocks.

El quinto himnario oficial en la historia de la Iglesia Adventista del Séptimo Día fue publicado en 1985 y se titulaba *El himnario Adventista del Séptimo Día* [The Seventh-day Adventist Hymnal]; presentaba veintinueve himnos navideños:

1. Angels From the Realms of Glory.
2. Angels we Have Heard on High.
3. As it Fell Upon a Night.
4. As with Gladness Men of Old.
5. Away in a Manger.
6. Break Forth, O Beauteous.
7. Go, Tell it on The Mountain.
8. Good Christians, Now Rejoice.
9. Hark! The Herald Angels Sing.
10. In the Bleak Midwinter.
11. Infant Holy, Infant Lowly.
12. It Came Upon the Midnight Clear.
13. Joy to The World.
14. Lo, How a Rose e'er Blooming.
15. Now is Born the Divine Christ.
16. O Come, o Come, Immanuel.
17. O Come, All ye Faithful.

18. O Jesus Sweet, O Jesus Mild.
19. O Little Town of Bethlehem.
20. Of the Father's Love Begotten.
21. Rise up, Shepherd, and Follow.
22. Silent Night, Holy Night.
23. The Advent of Our God.
24. There's a Song in The Air.
25. We, Three Kings.
26. What Child is This?
27. While Shepherds Watched.

El primer himnario oficial en la historia de la Iglesia Adventista del Séptimo Día en idioma español fue publicado en 1921, y contenía siete himnos navideños:

1. Astro más bello.
2. Las maravillas del amor.
3. Los heraldos celestiales.
4. Noche de paz.
5. Oíd un son en alta esfera.
6. Suenen dulces himnos.
7. Venid, pequeñuelos.

Luego apareció el segundo himnario en español publicado en 1962, y contenía ocho himnos:

1. ¡Al mundo paz!
2. Los heraldos celestiales.
3. Noche de paz.
4. Se oye un canto en alta esfera.
5. Suenen dulces himnos.
6. Traían en silencio.
7. Venid, pastorcillos.
8. Venid, pequeñuelos.

El tercer himnario publicado en idioma español era conocido como *Melodías de victoria*, y en él había tres himnos alusivos a la Navidad:

1. 1. ¡Al mundo paz, nació Jesús!
2. 2. Noche de paz.
3. 3. Suenen dulces himnos.

Y el himnario más reciente publicado a la fecha en español apareció en el año 2010, ofreciendo dieciséis himnos navideños:

1. ¡Al mundo paz!
2. ¿Qué niño es este?
3. A medianoche en Belén.
4. Allá en el pesebre.
5. Ángeles cantando están.
6. Cristianos alegraos hoy.
7. La primera Navidad.
8. Noche de paz.
9. Oh, aldehuela de Belén.
10. Se oye un canto en alta esfera.
11. Somos del oriente.
12. Suenen dulces himnos.
13. Ve, dilo en las montañas.
14. Venid, fieles todos.
15. Venid, pastorcillos.
16. Ya repican las campanas.

CELEBRAR LA NAVIDAD
COMO EL CIELO LA CELEBRÓ
¡es celebrarla con loor!